WELDER RODRIGUES LIMA

JUSTIÇA DO TRABALHO: A JUSTIÇA DOS DESEMPREGADOS?

BRASÍLIA

2020

Dedicatória

Dedico esta obra aqueles que dão sentido ao meu caminhar, meus queridos pais Antônio Moreira Lima e Matilde Rodrigues Lima.

À minha querida irmã, Marilene Pires e ao meu cunhado Euclides Pires, pelo constante incentivo.

Ao estimado professor, ministro do Tribunal Superior do Trabalho (TST), Augusto César Leite de Carvalho, pela significativa contribuição ao longo dos estudos que culminaram neste livro.

Aos meus familiares, amigos, colegas e admiradores, pela consideração e carinho sempre demonstrados.

Finalmente, e de modo muito especial, a você nobre leitor, razão de todo meu zelo e esforços para lhe oferecer proveitosos momentos de leitura.

SUMÁRIO

APRESENTAÇÃO..01

INTRODUÇÃO..03

1 EVOLUÇÃO DO DIREITO DO TRABALHO – NO MUNDO E NO BRASIL..10

1.1 ACESSO À JUSTIÇA DO TRABALHO, LIVRE INICIATIVA E EFETIVIDADE DE DIREITOS TRABALHISTAS..20

1.2 PRESCRIÇÃO TRABALHISTA........................31

1.3 A POSSIBILIDADE DA DESPEDIDA NO DIREITO BRASILEIRO..33

2. GARANTIA DE INDENIDADE..........................37

2.1 PRINCÍPIO DA IGUALDADE E PROIBIÇÃO DE DISCRIMINAÇÃO...41

2.2 O DIREITO DE AÇÃO..43

3 CASOS ILUSTRATIVOS E JURISPRUDÊNCIA...44

3.1 CASO 1..44

3.2 CASO 2..48

3.3 CASO 3..49

3.4 CASO 4..51

4 DESCRIÇÃO E RESULTADOS DA PESQUISA...57

4.1 RESULTADOS GERAIS....................................58

4.2 RESULTADOS PARCIAIS..................................66

4.2.1 Respostas dos empregados do setor privado..66

4.2.2 Respostas dos empregados de empresas estatais..73

4.3 ANÁLISE DOS DADOS....................................80

5 ENFRENTAMENTO - POSSÍVEIS SOLUÇÕES ..99

CONCLUSÃO..106

REFERÊNCIAS..110

APÊNDICES..113

Apresentação

A presente obra é baseada em um estudo realizado por ocasião da dissertação de Mestrado em Direitos Sociais e Processos Reivindicatórios curso realizado no IESB Centro Universitário – Brasília (DF).

O estudo abordou os aspectos jurídicos que circundam as práticas retaliativas aos empregados que ajuízam ação trabalhista contra a empresa, ainda na vigência do contrato de trabalho.

Para tanto, foi realizada pesquisa por meio de aplicação de questionários junto a empregados do setor privado e celetistas do setor público, empregados de empresas estatais, com o intuito de se verificar a percepção do senso comum de que a Justiça do trabalho é a "justiça dos desempregados".

Fez parte do estudo a abordagem de casos específicos enfrentados pela Justiça do Trabalho e que ratificam o entendimento de que despedidas e quaisquer práticas retaliativas constituem-se práticas ilícitas, pois ferem o direito fundamental do livre acesso à justiça, constitui-se conduta discriminatória, contraria o princípio da garantia de indenidade e caracteriza abuso do direito de livre iniciativa.

Questões culturais implicam uma interpretação deturpada por parte de gestores e empregadores sobre o ato de o empregado demandar em juízo contra a empresa, avaliando como um ato de traição o que na verdade é um direito do empregado.

Conclui-se que a melhor solução seria uma mudança cultural na percepção de empregado e empregador a ensejar uma interpretação sob o aspecto social do trabalho e da livre iniciativa.

Outras alternativas também são apontadas, tais como a substituição processual e a consolidação e efetivação da legislação que sustenta a garantia da indenidade, neste tocante é apresentado proposta de Projeto de Lei com vistas a criminalizar a conduta de se despedir o empregado que demande o empregador judicialmente, alterando, para tanto, a Lei .9029/95, além de vedar a despedida sem justa causa, modificando redação do caput da Consolidação das Leis do Trabalho (CLT).

A sugestão de Projeto de Lei foi encaminhado ao gabinete do Senador Paulo Paim (PT/RS) em outubro de 2020.

INTRODUÇÃO

De acordo com o senso comum a Justiça do Trabalho é conhecida como a justiça dos desempregados, uma vez que é notório que apenas após o término da relação empregatícia é que o ex-empregado sente-se "à vontade" para demandar o ex-empregador judicialmente.

Dito de outro modo, durante a vigência do contrato de trabalho, o empregado teme estar incorrendo em um ato de quebra de confiança, deixando assim de ser digno do emprego que ocupa.

O ora relatado, aparentemente, faz parte da cultura arraigada em nossa sociedade.

Nessa esteira, o presente estudo propõe-se a analisar dados concretos que permitam concluir, ou não, que o senso comum encontra respaldo fático e quais as possíveis causas e soluções para que o empregado possa impetrar uma ação trabalhista contra seu atual patrão, quando diante de justificativas para tal, sem que incorra no risco de ser retaliado pelo gesto de buscar a efetividade de seus direitos.

Nesse tocante, o empregado enfrenta dificuldade de efetivação de direitos trabalhistas, pois estando ele empregado teme buscar a justiça contra seu empregador, evitando assim ser retaliado.

Conforme preceitos entabulados pela Consolidação das Leis do Trabalho (CLT), especialmente pelo contido no artigo 2º, não restam dúvidas de que o empregador detém o poder diretivo do empreendimento, estando o empregado subordinado aos poderes do empregador.

Tal poder confere ao empregador a prerrogativa de dispensar o subordinado, devendo apenas indenizá-lo na hipótese de despedida sem justa causa.

Apesar de a legislação trabalhista conferir esse poder ao empregador, também impõe limites à sua utilização, devendo cuidar para que não pratique ato que possa ser enquadrado como abuso de direito, discriminação ou assédio moral.

Ocorre que se tem observado casos em que o trabalhador após ajuizar ação trabalhista contra a empresa, ainda na vigência do contrato de trabalho, sofre retaliações, em alguns casos sendo dispensado pelo fato de ter ajuizado o processo.

Em que pese ser notório o fato de que a grande maioria dos empregados aguardarem o desligamento da empresa para então ajuizarem ação contra o ex-empregador, há casos em que ainda durante a vigência do contrato de trabalho o empregado busca assegurar direito seu junto à justiça, de modo que não são raros os caso em que são retaliados por esse fato.

Nos casos em que resta configurada a retaliação por parte do empregador, a justiça tem reconhecido a ilegalidade do ato e a configuração de dano moral.

Cuida-se do direito de indenidade, compreendido como o direito de o empregado demandar em juízo contra o empregador sem ser retaliado e provêm de interpretação legal, convenções internacionais e princípios.

Observa-se que as práticas de retaliação apresentam-se também de modo velado, especialmente nas empresas públicas, valendo-se os dirigentes de métodos que visam dificultar a configuração de retaliações, sendo menos comum as demissões, isso porque não resta pacífico a possibilidade de demissão do empregado público sem que para isso esteja presente um justo motivo.

A Lei 9.029/1995 veda a adoção de quaisquer práticas discriminatórias nas relações de trabalho, que limite o acesso à relação de trabalho ou à manutenção desta.

Nesse sentido, interromper a relação de trabalho ou direcionar tratamento diferenciado ao empregado que ajuíze ação trabalhista contra o empregador constitui-se prática discriminatória.

A Convenção nº. 158 da Organização Internacional do Trabalho (OIT), traz em seu artigo 5º que não se constitui motivo para o término da relação de trabalho o fato de que o empregado apresente queixa ou adote qualquer procedimento insurgente contra violações legais.

Nesse passo, surge a seguinte questão: em que medida as dispensas logo após ajuizada reclamatória trabalhista, perseguições (boicotes/assédio moral) dos gestores das empresas contra os empregados atentam contra a efetivação de direitos trabalhistas e o acesso à justiça?

Para se chegar a uma resposta, antes há de se esclarecer: a) há retaliação do empregador contra o empregado quando há demanda em juízo ainda na vigência do contrato de trabalho? b) o temor de retaliações é obstáculo para que empregados busquem o cumprimento de seus diretos pela via judicial? c) o senso comum considera atitude desleal o ajuizamento de ação trabalhista contra o atual empregador?

Destarte, no primeiro capítulo, discorre-se acerca da evolução do "Direito do trabalho no mundo e no Brasil", prescrição trabalhista e possibilidade de despedida no Direito do Trabalho brasileiro.

Ainda no CAPÍTULO 1 são tratados alguns conceitos importantes para a análise do tema proposto, dentre os quais: "violência", segundo Michaud, o "acesso à justiça", segundo Cappelletti e Garth e o "princípio da livre iniciativa".

O CAPÍTULO 2 é dedicado a "garantia de indenidade", conceito e aspectos relevantes.

No CAPÍTULO 3 são apresentados, a título ilustrativo, alguns casos concretos identificados em pesquisa em sítios eletrônicos dos Tribunais Trabalhistas e escolhidos por sua adequação ao tema, ocasião em que também são discutidos os principais posicionamentos jurisprudenciais nesses casos concretos de retaliações logo após o ajuizamento de ação trabalhista na vigência do contrato de trabalho.

No CAPÍTULO 4 apresenta-se a pesquisa realizada por meio de aplicação de questionários submetidos por meio eletrônico (*e-mail, whatsapp* e *link* eletrônico da *internet*), passando a discutir e apresentar os resultados, bem como as possíveis soluções para o problema enfrentado.

Registre-se que a pesquisa não empregou métodos estatísticos capazes de aferir a margem de erro e nem atingiu um universo elevado de empregados, de modo que os resultados das análises aqui apresentadas se limitam ao observado na amostra empregada, 100 (cem) respondentes.

Contudo, os resultados da pesquisa podem ser um indicativo do comportamento da população geral de empregados dos setores privado e público.

Importante, ainda, ressaltar que o termo "setor público" mencionado ao longo de todo este trabalho, refere-se exclusivamente aos empregados públicos celetistas, ou seja, aqueles empregados concursados das empresas públicas e sociedades de economia mista contratados pelo regime da Consolidação das Leis do Trabalho (CLT).

Em seguida, CAPÍTULO 5, são apresentadas as possíveis soluções para o enfrentamento da problemática proposta.

Ao final, apresentam-se as conclusões obtidas com base na exposição teórica e nos resultados da pesquisa amostral.

1 EVOLUÇÃO DO DIREITO DO TRABALHO – NO MUNDO E NO BRASIL

Desde os primórdios da história da humanidade o trabalho é um meio encontrado pelo homem, do mais primitivo ao mais moderno, de buscar satisfazer suas necessidades de alimentação, abrigo e defesa.

Nesse passo, o trabalho é tão primitivo quanto os primeiros seres humanos que se tem notícia, época em que se valiam da força braçal em busca de sua própria sobrevivência.

Tão logo o homem passou a se reunir em sociedade (sociedades tribais), os conflitos passaram a ser resultado da busca de poder e dominação. Os vencidos passavam à condição de escravos.

O escravo era considerado mero objeto, coisa e era obrigado a executar tarefas braçais em benefício do seu dominador. O trabalho não era considerado digno, sendo atividades exclusivas dos escravos.

Nas palavras de Olea[1]:

> Tal relação jurídica era pura e simplesmente a de domínio; o amo

---

[1] OLEA, Manoel Alonso. Introdução ao Direito do Trabalho. 4.ed. São Paulo: LTr, 1984. p. 70

> fazia seus o resultado do trabalho, em face da sua condição de proprietário ou dono do escravo, por força da qual era o próprio dono quem executava o trabalho. Juridicamente, o escravo se encontrava relegado à condição de coisa ou semovente, e, no sentido mais radical do termo, privado do controle sobre sua própria pessoa, incapaz, por certo, de relações jurídicas de domínio sobre qualquer objeto, inclusive sobre o resultado de seu trabalho.

No período feudal, os servos viviam em condição similar aos dos escravos.

O Senhor feudal oferecia terra, proteção militar e política em troca de parte da produção, fruto do seu trabalho nas terras de propriedade do Senhor, não possuindo os servos nenhuma liberdade.

Nesse período o trabalho deixa de ser escravo, propriamente dito, e passa a ser servil, o vassalo recebe sustento e proteção em troca de seus serviços, o que se assemelha em muito ao regime de escravidão.

Os servos não podiam trabalhar para quem quisessem e estavam ligados à terra concedida pelo Senhor por laços hereditários.

Ainda na Antiguidade, apesar de vigorar o regime escravocrata, foram criados organismos que se agrupavam de acordo com as profissões, especialmente artesãos.

Conforme ensinam Cavalcante e Jorge Neto[2] essas organizações eram denominadas *collegia* e não eram regulamentadas, mais tarde vieram a culminar nas Corporações de Ofício já na Idade Média.

Nas palavras de Barros[3]:

> A partir do Século X, os habitantes dos feudos passaram a adquirir mercadorias em feiras e mercados nas margens dos rios, lagos e mares. Esses locais eram propícios ao intercâmbio de produtos manufaturados ou naturais, inclusive com os próprios feudos, que forneciam alimentos, mantimentos para essas pessoas e em troca recebiam mercadorias e objeto fabricados. Essas comunas de artesãos e mercadores evoluíram para as corporações de ofício.

Nessas Corporações de Ofício, que representavam os produtores com o intuito de controlar o mercado e garantir o privilégio dos

---
[2] CAVALCANTE, Jouberto de Quadros Pessoa; JORGE NETO, Francisco Ferreira. Manual de Direito do Trabalho. Rio de Janeiro: Lumen Juris, 2003. p. 08
[3] BARROS, Alice Monteiro de. Curso de Direito do Trabalho. 6. ed. São Paulo: LTr, 2010. p.58.

mestres, os aprendizes se submetiam a estes ofertando sua mão-de-obra com a finalidade de obter um ofício.

Os aprendizes eram os jovens trabalhadores, tinham direitos limitados e a jornada de trabalho passava das 18h diárias, muitas vezes, incluindo a exploração de crianças.

Todos em condições precárias de segurança em ambiente de insalubridade.

Após a conclusão do aprendizado, por vezes os aprendizes continuavam vinculados ao mestre.

Isso porque apenas após a aprovação em um processo avaliatório que era pago, em valores inviáveis para o aprendiz, é que este poderia desvencilhar-se de suas obrigações na corporação.

Com a revolução Francesa e o surgimento das chamadas *"compagnnagem"* (que pode ser compreendida como uma espécie primitiva de sindicato), as corporações de ofício foram extintas a partir da edição da Lei *Chapelier*.

A partir daí, com o emprego do liberalismo econômico e a consequente intervenção mínima do estado nas relações econômicas, aliado ao processo de industrialização e exploração cada vez maior da mão-de-obra, com abusos dos empregadores e a total precariedade nas condições laborais é que iniciou-se movimentos de trabalhadores para exigir o estabelecimento de condições minimamente dignas de trabalho.

Com a Revolução Industrial, a partir do século XVIII, o crescimento populacional e a crescente necessidade de mão-de-obra para operar as máquinas das indústrias têxteis, o regime feudal entrou em decadência, pois a economia de subsistência deixou de satisfazer as necessidades emergentes da sociedade.

Há, a partir daí, a substituição do trabalho escravo, servil e corporativo (Corporações de Ofício) pela mão-de-obra assalariada.

Nesse contexto é que surge o Direito do Trabalho, com a economia agrícola dando lugar a indústria, ainda precária, surgindo a classe proletária e a capitalista.

Os capitalistas, donos do poder econômico, das máquinas e das fábricas, exigiam jornadas excessivas de trabalho, explorando mulheres e crianças (mão-de-obra mais barata) sem a menor preocupação com a qualidade de vida dos empregados, não sendo raros os acidentes de trabalho.

Para Cavalcante e Neto[4], houve um fundamento político para a criação do Direito do Trabalho, em suas palavras:

> O fundamento político reside na adoção do estado Liberal, com a valorização da igualdade formal e da plena liberdade (autonomia plena da manifestação de vontades dos seres humanos).
>
> O Estado deveria ter uma posição não intervencionista, atuando somente se fosse o caso de violação desta liberdade.
>
> O capitalismo industrial, com o liberalismo econômico, necessita de um Estado não-regulador, não devendo existir entre o capitalista e o proletariado nenhuma norma que regulasse a relação capital versus trabalho.
>
> Em face da exploração desmesurada do trabalho assalariado, os trabalhadores reivindicaram a formação de uma legislação protetora, com o intuito de regular: a segurança e higiene do trabalho; o trabalho do menor; o trabalho da mulher; o limite para a jornada semanal de trabalho; a fixação de uma política mínima para o salário etc.

---

[4] CAVALCANTE, Jouberto de Quadros Pessoa; JORGE NETO, Francisco Ferreira. Manual de Direito do Trabalho. Rio de Janeiro: Lumen Juris, 2003. p. 13.

Pode, então, afirmar que a partir da consciência de classe que passou a reivindicar seus direitos laborais, à princípio surgiu um Direito coletivo de trabalho, em seguida um Direito individual.

Conforme ensina Godinho[5], sua evolução se dá em quatro fases: formação, intensificação, consolidação e autonomia.

Nas palavras do mencionado autor:

> No que diz respeito ao Direito do Trabalho dos principais países capitalistas ocidentais, os autores tendem a construir periodizações que guardam alguns pontos fundamentais em comum. Um desses marcos fundamentais está no Manifesto Comunista, de Marx e Engels, em 1848. Outro dos marcos que muitos autores tendem a enfatizar está, em contrapartida, na Encíclica Católica *Rerum Novarum*, de 1891. Um terceiro marco usualmente considerado relevante pelos autores reside no processo da Primeira Guerra Mundial e seus desdobramentos, como, por exemplo, a formação da OIT Organização Internacional do Trabalho (1919) e a promulgação da Constituição Alemã de Weimar (1919). É também desse mesmo período a Constituição Mexicana (1917). As duas cartas constitucionais mencionadas

---

[5] DELGADO, Mauricio Godinho. Curso de direito do trabalho. 13. ed. São Paulo, LTR, 2013, p. 43.

foram, de fato, pioneiras na inserção em texto constitucional de normas nitidamente trabalhistas ou, pelo menos, pioneiras no processo jurídico fundamental de constitucionalização do Direito do Trabalho, que seria uma das marcas distintivas do século XX. Há uma específica tipologia (dos autores Granizo e Rothvoss), bastante recorrente em manuais sobre Direito do Trabalho, que foi claramente delineada a partir desses marcos históricos acima apontados. Esses dois autores percebem a existência de quatro fases principais na evolução do Direito do Trabalho: formação, intensificação, consolidação e autonomia. A fase da formação estende-se de 1802 a 1848, tendo seu momento inicial no *Peel Act*, do início do século XIX na Inglaterra, que trata basicamente de normas protetivas de menores. A segunda fase (da intensificação) situa-se entre 1848 e 1890, tendo como marcos iniciais o Manifesto Comunista de 1848 e, na França, os resultados da Revolução de 1848, como a instauração da liberdade de associação e a criação do Ministério do Trabalho. A terceira fase (da consolidação) estende-se de 1890 a 1919. Seus marcos iniciais são a Conferência de Berlim (1890), que reconheceu uma série de direitos trabalhistas, e a Encíclica Católica *Rerum Novarum* (1891), que também fez referência à necessidade de uma nova postura das classes dirigentes perante a chamada questão social. A quarta e última fase, da autonomia do Direito do Trabalho, tem início em 1919, estendendo-se às décadas posteriores do século XX. Suas fronteiras iniciais estariam marcadas pela criação da OIT.

Assim, a fase de formação compreende o período de 1802 a 1848 (primeira fase). A fase da intensificação (segunda fase) inicia-se em 1848 e vai até 1890. A consolidação (terceira fase) estende-se de 1890 a 1919. Por fim, a autonomia (quarta fase) tem início em 1919 seguindo pelas décadas posteriores.

Ao contrário do que se possa imaginar, as leis trabalhistas no Brasil surgiram ainda antes da abolição da escravatura. Conforme assinala Carvalho[6], na década de 1830 sob a influência do ideário liberal da Revolução Francesa, foram estipuladas as primeiras leis trabalhistas que regulavam o contrato de prestação de serviços, e na década de 1850 editada lei em favor dos trabalhadores no comércio, cuja expansão no Brasil antecedeu a industrialização.

Apesar disso, tem-se que o grande marco da evolução histórica dos direitos trabalhistas é a abolição da escravatura, uma vez que até aquele

---

[6] CARVALHO, Augusto César Leite de. Direito do Trabalho – Curso e Discurso. São Paulo: LTr, 2018. P44.

momento vigia no Brasil uma relação produtiva destituída de qualquer garantia trabalhista.

Em um Brasil eminentemente agrícola é que surgem as primeiras leis trabalhistas, mas o fim da escravidão provocou uma expansão do emprego remunerado. Além disso, o declínio das fazendas de café fez com que muitos fazendeiros passassem ao setor industrial, como produção de alimentos e tecidos.

Esse processo de industrialização impulsionou a necessidade de aprimoramento das leis laborais, ao passo que na era Vargas é criado o Ministério do Trabalho e a Justiça do Trabalho, esta com caráter administrativo.

Com efeito, em 1941 a Justiça do Trabalho passou a exercer função jurisdicional, mas ligado ao Poder Executivo. Somente com a Constituição de 1946 é que a Justiça do Trabalho foi integrada definitivamente ao Poder Judiciário, conforme assinalam Saraiva e Manfredine[7].

---

[7] SARAIVA, Renato. Curso de Direito Processual do Trabalho. Rio de Janeiro: Forense, p 44.

Em 1943 foi promulgada a Consolidação das Leis do Trabalho (CLT). A CLT unificou toda a legislação trabalhista até então existente no Brasil, regulamentando as relações individuais e coletivas do trabalho. Nas palavras de Machado[8], a CLT sistematizou a legislação esparsa em matéria trabalhista existente à época em que foi publicada e também criou novos institutos para regulamentar as relações individuais e coletivas de trabalho.

Na CLT são encontradas praticamente todas as normas laborais de ordem material e processual.

A Constituição Federal de 1988 incorporou em seu texto, vários direitos trabalhistas já existentes na CLT, elevando-os a um patamar constitucional. Além disso, ampliou e incluiu outros direitos, a exemplo da jornada de 44 horas semanais e o aviso prévio proporcional.

1.1 ACESSO À JUSTIÇA DO TRABALHO, LIVRE INICIATIVA E EFETIVIDADE DE DIREITOS TRABALHISTAS.

---

[8] MACHADO, Costa; ZAINAGHI, Domingos Sávio. CLT interpretada: artigo por artigo, parágrafo por parágrafo. Barueri SP: Manole, 2017. P 2.

A Justiça do Trabalho compõe o Poder Judiciário, conforme disposto no artigo 92, incisos II-A e IV da Constituição Federal.

O acesso à Justiça do Trabalho, tal qual o acesso ao Poder Judiciário como um todo, decorre do previsto no artigo 5°, inciso XXXV da CF, o acesso à justiça é preceito fundamental para o pleno exercício da cidadania, indo além do mero acesso ao Poder Judiciário e culminado com a efetivação dos direitos.

O mencionado Artigo 5°, Inciso XXXV da Constituição Federal (CF) estabelece o chamado princípio da inafastabilidade da jurisdição, nos termos seguintes:

> Todos são iguais perante a lei, sem distinção de qualquer natureza, garantindo-se aos brasileiros e aos estrangeiros residentes no País a inviolabilidade do direito à vida, à liberdade, à igualdade, à segurança e à propriedade, nos termos seguintes:
>
> XXXV - a lei não excluirá da apreciação do Poder Judiciário lesão ou ameaça a direito;

Na compreensão de Bodart e Fux[9], "o

---
[9] FUX, Luiz. BODART, Bruno. Processo Civil e Análise Econômica. Forense, 2019.

princípio do acesso à justiça não deve ser compreendido como mera garantia de provocação do Judiciário", mas deve abranger todos os elementos capazes de assegurar o acesso à ordem jurídica justa. Nas palavras dos mesmos autores:

> Muitos juristas ressaltam, ainda, que o direito de acesso à justiça não se encerra com a decisão final do processo. Nessa ótica, o ordenamento precisaria ser capaz de implementar o comando contido na ordem judicial, a fim de que vencedores em juízo não saíssem perdedores na vida. Como consignou a Corte Europeia de Direitos Humanos no caso *Hornsby v. Greece* (19 de março de 1997), a garantia de acesso às Cortes prevista no art. 6º da Convenção Europeia de Direitos Humanos seria ilusória se o sistema legal do Estado-parte permitisse que uma decisão judicial final e vinculante restasse inoperante em detrimento de uma das partes, de modo que a execução de um julgamento proferido por qualquer Tribunal deve ser considerado como parte integral da aludida garantia. Discute-se, a propósito, a existência

de barreira ao acesso à justiça no Brasil representada pelo sistema de execução de condenações contra a Fazenda Pública no Brasil por meio de precatórios. O Supremo Tribunal Federal já teve a oportunidade de decidir que o "regime 'especial' de pagamento de precatórios para Estados e Município criado pela EC nº 62/2009, ao veicular nova moratória na quitação dos débitos judicias da Fazenda Pública e ao impor o contingenciamento de recursos para esse fim, violou a cláusula constitucional do Estado de Direito (CF, art. 1º, *caput*), o princípio da Separação de Poderes (CF, art. 2º), o postulado da isonomia (CF, art. 5º), a garantia do acesso à justiça e a efetividade da tutela jurisdicional (CF, art. 5º, XXXV), o direito adquirido e a coisa julgada (CF, art. 5º, XXXVI).

Para se ingressar no Pode Judiciário não é necessário o prévio esgotamento das vias administrativas, além disso, é possível se pleitear a tutela jurisdicional preventiva ou repressiva.

Além da Constituição Federal, o artigo 8º da 1ª Convenção Americana sobre Direitos Humanos de São José da Costa Rica[10], da qual o Brasil é signatário, também garante que:

> Art. 8º. Toda pessoa tem direito de ser ouvida, com as garantias e dentro de um prazo razoável, por um juiz ou tribunal competente, independente e imparcial, estabelecido anteriormente por lei, na apuração de qualquer acusação penal contra ela, ou para que se determinem seus direitos ou obrigações de natureza civil, trabalhista, fiscal ou de qualquer natureza.

Nesse compasso, o direito de acesso à justiça além de ser garantia constitucional, foi alçado à prerrogativa de Direitos Humanos revelando tamanha sua importância.

Conforme Moraes[11], sempre que haja plausibilidade de ameaça ao direito, o Poder Judiciário é obrigado a efetivar o pedido de prestação judicial requerido pelo postulante ao direito, vez que

---

[10] CIDH. Comissão Interamericana de Direitos Humanos. Convenção Americana Sobre Direitos Humanos. Disponível em https://www.cidh.oas.org/basicos/portugues/c.convencao_americana.htm. Acesso em 23/06/2018.
[11] MORAES, Alexandre de. Direito constitucional. São Paulo: Atlas, 2017. P73.

indeclinabilidade da prestação judicial é princípio básico que rege a jurisdição.

Frise-se, entretanto, que o acesso à justiça não pode ser compreendido simplesmente apenas como o acesso aos órgão do Poder Judiciário, mas sim, conforme assinala Watanabe[12], a uma "ordem jurídica justa", em suas palavras:

> A problemática do acesso à Justiça não pode ser estudada nos acanhados limites do acesso aos órgãos judiciais já existentes. Não se trata apenas de possibilitar o acesso à Justiça enquanto instituição estatal, e sim, de viabilizar o acesso à ordem jurídica justa.

Cappelletti e Garth[13], em célebre obra, discorrem acerca do acesso à justiça identificando o que denominaram por "ondas" as etapas de busca a viabilizar o adequado funcionamento de um sistema judicial acessível.

A primeira onda nessa busca passa por assegurar uma assistência judiciária gratuita aos

---

[12] WATANABE, Kazuo et al. Acesso à justiça e sociedade moderna. São Paulo: Revista dos Tribunais, 1988.

[13] CAPPELLETTI, Mauro; GARTH, Bryant. Acesso à justiça. Tradução de Ellen Gracie Northfleet. Porto Alegre: Sérgio A. Fabris, Editor, 1988.

necessitados, o que no Brasil inicia-se a partir da Lei 1.060, de 1950 – lei da assistência judiciária gratuita.

A segunda onda preocupou-se em encontrar uma forma de se resguardar os interesses difusos (como proteção ambiental e do consumidor), o que enseja a possibilidade da representação em juízo de entidades legitimadas a tal fim.

E por fim a terceira e última onda tem por enfoque os métodos processuais e os operadores do direito, buscando o melhor preparo técnico destes e criando um sistema processual mais eficaz e eficiente.

Desta senda, temos que a mera possibilidade de o empregado ter acesso à Justiça do Trabalho não lhe assegura a efetividade dos direitos trabalhistas. Isso porque aparentemente os meios de proteger o empregado de eventual perseguição ao ajuizar uma reclamatória trabalhista não tem sido suficiente para evitar a reincidência dos casos de retaliações.

Há de se ressaltar que não há que se falar em oposição entre direito de livre iniciativa[14] e o direito do empregado reclamar seus direitos junto à justiça. Isso porque ao tempo em que se assegura o direito de qualquer cidadão empreender e gerenciar o seu próprio negócio, a lei estabelece os limites dessa

---

[14] O princípio da livre iniciativa que está consagrado na Constituição Federal de 1988 (CF) como um dos fundamentos da república, vejamos (grifos nossos):
Art. 1º A República Federativa do Brasil, formada pela união indissolúvel dos Estados e Municípios e do Distrito Federal, constitui-se em Estado Democrático de Direito e tem como fundamentos:
I - a soberania;
II - a cidadania
III - a dignidade da pessoa humana;
IV - os valores sociais do trabalho e da livre iniciativa;

A CF também trata do princípio da livre iniciativa no título dedicado à ordem econômica e financeira, vejamos (grifos nossos):
Art. 170. A ordem econômica, fundada na valorização do trabalho humano e na **livre iniciativa**, tem por fim assegurar a todos existência digna, conforme os ditames da justiça social, observados os seguintes princípios:
I - soberania nacional;
II - propriedade privada;
III - função social da propriedade;
IV - livre concorrência;
V - defesa do consumidor;
VI - defesa do meio ambiente, inclusive mediante tratamento diferenciado conforme o impacto ambiental dos produtos e serviços e de seus processos de elaboração e prestação;
VII - redução das desigualdades regionais e sociais;
VIII - busca do pleno emprego;
IX - tratamento favorecido para as empresas de pequeno porte constituídas sob as leis brasileiras e que tenham sua sede e administração no País.
Parágrafo único. **É assegurado a todos o livre exercício de qualquer atividade econômica**, independentemente de autorização de órgãos públicos, salvo nos casos previstos em lei.

liberdade de agir em relação aos empregados. A exemplo da vedação de práticas discriminatórias nas relações de trabalho, conforme Lei 9.029/95, que será melhor explorada mais adiante.

Dito de outro modo, o princípio da livre iniciativa confere aos cidadãos o exercício de quaisquer atividades econômicas. O agente desfruta, portanto, da faculdade de contratar ou não, escolher com quem contratar e qual negócio efetuar.

Entretanto, não se trata de faculdade absoluta, eis que existem restrições e limites impostos pela própria Constituição, tais como a possibilidade de exigência de autorizações legais e a observância da justiça social para que esteja autorizado a empreender.

Nesse sentido leciona José Afonso da Silva[15]:

> A natureza neoliberal da ordem econômica prevista na Constituição não tem, entretanto, tal extensão. A equiparação entre a livre iniciativa e os valores normalmente desconsiderados pelo empresário egoísta – que seria a

---

[15] SILVA, José Afonso. Curso de Direito Constitucional Positivo, 9ª Edição, São Paulo, Malheiros,1993, 3ª tir. P 673.

> defesa do consumidor, a proteção do meio ambiente, a função social da propriedade etc. – só afasta a possibilidade de edição de leis, complementares ou ordinárias, disciplinadoras da atividade econômica, desatentas a esses valores.

Nesse passo, temos que a total liberdade do empreendedor nas escolhas de sua atividade econômica, bem como sua administração, há de se observar que a busca exclusiva do lucro sem a contribuição para o bem estar coletivo e a justiça social não estão de acordo com os princípios constitucionais.

Nesse contexto, a preponderância da vontade do empregador sobre a do empregado, conforme se observa nas relações trabalhistas em que o empregado teme ajuizar uma ação trabalhista com o fim de ver direito seu resguardado, prejudica a efetivação de direitos, de um modo geral.

Isso porque até nas situações em que o empregado aguarda o término da relação de trabalho, há o forte risco de já ter ocorrido a prescrição de suas pretensões. Este tema será melhor detalhado no subitem seguinte.

Com efeito, quis o legislador propiciar o acesso ao Poder Judiciário quando se trata de direitos trabalhistas[16], ao passo que nessa seara vigora o *ius postulandi* das partes, ou seja, a possibilidade do ajuizamento de uma ação trabalhista mesmo sem a participação de um advogado.

Para Kelsen[17], justiça pode ser compreendida da seguinte forma:

> A justiça é uma qualidade ou atributo que pode ser afirmado de diferentes objetos. Em primeiro lugar, de um indivíduo. Diz-se que um indivíduo, especialmente um legislador ou um juiz, é justo ou injusto. Neste sentido, a justiça é representada como uma virtude dos indivíduos. Como todas as virtudes, também a virtude da justiça é uma qualidade moral; e, nessa medida, a justiça pertence ao domínio moral. (...) A justiça é, portanto, a qualidade de uma conduta humana

---

[16] Observa-se ainda a presença do *ius postulandi* em diversas outras hipóteses no ordenamento jurídico brasileiro, como por exemplo nos juizados especiais (causas até 20 salários mínimos) e na esfera penal quando da impretração de *habeas corpus*.
[17] KELSEN, Hans. O problema da justiça. 3. ed. São Paulo: Martins Fontes, 1998. p. 3.

específica, de uma conduta que consiste no tratamento dado a outros homens.

A partir deste conceito, discute-se se o *ius postulandi* consubstancia-se em uma forma de acesso à justiça ou meramente acesso ao judiciário. E mais, se tem sido uma prática benéfica ao reclamante que busca seus direitos trabalhistas ou prejudicial ao enfrentar sem a assistência de um advogado um processo por vezes complexo.

1.2 PRESCRIÇÃO TRABALHISTA

Por dicção do contido no artigo 11 da Consolidação das Leis do Trabalho (CLT), a prescrição trabalhista é de cinco anos, de modo que o empregado pode recuperar os créditos dos últimos cinco anos a contar do momento do ajuizamento da ação É a chamada prescrição quinquenal.

De outro lado, temos ainda a prescrição bienal, que é verificada a partir do desligamento da empresa, ou seja, a partir do momento do término da relação empregatícia.

Dito de outro modo, o empregado pode

pleitear créditos dos últimos cinco anos e, no caso de desligamento da empresa, terá até dois anos a contar do desligamento para fazê-lo.

Com efeito, o retardamento do ajuizamento de uma ação trabalhista em face do temor de ser retaliado de alguma forma, poderá provocar a prescrição do direito. Isso porque ao aguardar o fim do contrato de trabalho, poderá o objeto da ação ter ultrapassado os cinco anos anteriores, materializando o prejuízo ao empregado.

Por outro lado, a decadência pode ser compreendida como a perda do direito potestativo em razão do decurso do prazo para seu exercício. Nesse caso, há a extinção do próprio direito, ao passo que na prescrição apenas a pretensão do exercício do direito é extinta.

Nas palavras de Pablo Stolze e Rodolfo Pamplona Filho[18] "a prescrição é a perda da pretensão de reparação do direito violado, em virtude da inércia do seu titular, no prazo previsto pela lei".

---

[18] GAGLIANO, Pablo Stolze; PAMPLONA FILHO, Rodolfo. Novo curso de Direito Civil. Volume 1 – Parte geral. 7. Ed. São Paulo: Saraiva, 2006

Na mesma linha é o art.189, do Código Civil (CC): "Violado o direito, nasce para o titular a pretensão, a qual se extingue, pela prescrição, nos prazos a que aludem os arts. 205 e 206".

Nas palavras de Nunes[19]:

> Em outras palavras, na prescrição o direito permanece vigente, porém a exigibilidade, a pretensão dele é que resta prejudicada. Nesse passo, se há o direito a receber determinado valor e o prazo para que se promova a cobrança judicial não mais persista, prescreve, permanece o direito a reaver tal quantia, porém não a possibilidade de que isso ocorra judicialmente.

Em suma, a prescrição é a perda de uma faculdade processual, já a decadência a perda do direito diante do transcurso do prazo decadencial.

1.3 A POSSIBILIDADE DA DESPEDIDA NO DIREITO BRASILEIRO

No Brasil vigora o princípio da continuidade do contrato de trabalho, visando a manutenção do pacto laboral entre empregado e empregador.

Assim dispõe o artigo 7º, inciso I da Constituição:

> Art. 7º São direitos dos trabalhadores urbanos e rurais, além de outros que visem à melhoria de sua condição social:
>
> I - relação de emprego protegida contra despedida arbitrária ou sem justa causa, nos termos de lei complementar, que preverá indenização compensatória, dentre outros direitos;
>
> (...)

Ou seja, em que pese o princípio da continuidade da relação de emprego, a despedida sem justa causa é permitida, sendo uma faculdade do empregador. Para isso, basta que se pague a devida indenização compensatória.

Além disso, pode ainda o empregado ser despedido por motivos disciplinares, nos casos elencados no artigo 482 da CLT, a saber:

> Art. 482 - Constituem justa causa para rescisão do contrato de trabalho pelo empregador:
> a) ato de improbidade;
> b) incontinência de conduta ou mau procedimento;
> c) negociação habitual por conta própria ou alheia sem permissão do empregador, e quando constituir ato de concorrência à empresa para a qual

trabalha o empregado, ou for prejudicial ao serviço;
d) condenação criminal do empregado, passada em julgado, caso não tenha havido suspensão da execução da pena;
e) desídia no desempenho das respectivas funções;
f) embriaguez habitual ou em serviço;
g) violação de segredo da empresa;
h) ato de indisciplina ou de insubordinação;
i) abandono de emprego;
j) ato lesivo da honra ou da boa fama praticado no serviço contra qualquer pessoa, ou ofensas físicas, nas mesmas condições, salvo em caso de legítima defesa, própria ou de outrem;
k) ato lesivo da honra ou da boa fama ou ofensas físicas praticadas contra o empregador e superiores hierárquicos, salvo em caso de legítima defesa, própria ou de outrem;
l) prática constante de jogos de azar.
m) perda da habilitação ou dos requisitos estabelecidos em lei para o exercício da profissão, em decorrência de conduta dolosa do empregado;
Parágrafo único - Constitui igualmente justa causa para dispensa de empregado a prática, devidamente comprovada em inquérito administrativo, de atos atentatórios à segurança nacional.

Ressalte-se, ainda, que a Convenção n. 158 da Organização Internacional do Trabalho (OIT), além de exigir uma justa causa para a despedida do empregado, ainda obriga a uma notificação prévia informado ao empregado o motivo da extinção do contrato de trabalho.

Porém, a referida convenção foi denunciada pelo governo brasileiro em 1996 e ainda aguarda decisão definitiva do Supremo Tribunal Federal (STF) acerca da constitucionalidade da denúncia.

2 GARANTIA DE INDENIDADE

Entende-se a garantia de indenidade como aquela pela qual o empregado não poderá sofrer quaisquer sanções ou discriminações patronais em decorrência do exercício do direito de demandar judicialmente contra o seu empregador.

Nas palavras de Augusto César de Carvalho[20]:

> Sempre que alguém exige a proteção de um direito fundamental afeto à liberdade ou a uma prestação de direito social, à pessoa privada ou pública obrigada a atender a demanda é vedado retaliar, vingar-se pela queixa ou reclamação que lhe é dirigida, pois tolerar a represália do demandado importaria subtrair de direito fundamental descumprido sua plena efetividade, ou a possibilidade de ele se realizar materialmente. O ato de represália é, por isso e sem mais, radicalmente nulo.

A garantia de indenidade no Brasil não está positivada de forma expressa, tal qual ocorre na Europa, em especial na Espanha. Contudo, a legislação brasileira, confere, de igual modo, a proteção do empregado diante de práticas retaliativas decorrentes do ajuizamento de uma ação trabalhista.

---

[20] CARVALHO, Augusto César Leite de. Garantia de indenidade no Brasil: o livre exercício do direito fundamental de ação sem o temor de represália patronal – São Paulo: LTr, 2013. P 112.

A garantia de indenidade no Brasil provém de interpretação do art. 1° da Lei n° 9.029/95[21], à luz dos fundamentos da dignidade da pessoa humana e do valor social do trabalho insculpidos no Art. 1°, Inciso III e IV, da Constituição Federal (CF)[22], bem como à luz do princípio da não discriminação contido no Art. 3°, Inciso IV, da Lei Maior e amparado internacionalmente pela Convenção n° 111 da OIT.

A garantia de indenidade é, portanto, a proteção legal conferida ao empregado para que possa exercer seus direitos fundamentais, dentre os

---

[21] Lei 9.029/95:
Art. 1° É proibida a adoção de qualquer prática discriminatória e limitativa para efeito de acesso à relação de trabalho, ou de sua manutenção, por motivo de sexo, origem, raça, cor, estado civil, situação familiar, deficiência, reabilitação profissional, idade, entre outros, ressalvadas, nesse caso, as hipóteses de proteção à criança e ao adolescente previstas no inciso XXXIII do art. 7° da Constituição Federal.

[22] Constituição Federal (grifos nossos):
Art. 1° A República Federativa do Brasil, formada pela união indissolúvel dos Estados e Municípios e do Distrito Federal, constitui-se em Estado Democrático de Direito e tem como fundamentos:
I - a soberania;
II - a cidadania
III - a dignidade da pessoa humana;
IV - os valores sociais do trabalho e da livre iniciativa;
(...)
Art. 3° Constituem objetivos fundamentais da República Federativa do Brasil:
(...)
IV - promover o bem de todos, sem preconceitos de origem, raça, sexo, cor, idade e quaisquer outras formas de discriminação.

quais o direito de ação, sem que sofra punições ou quaisquer retaliações patronais.

Tais retaliações podem ser interpretadas como espécie de violência, pois segundo Michaud[23]:

> Há violência quando, numa situação de interação um ou vários atores agem de maneira direta ou indireta, maciça ou esparsa, causando danos a uma ou mais pessoas em graus variáveis, seja em sua integridade física, seja em sua integridade moral, em suas posses, ou em suas participações simbólicas e culturais.

Assim, resta indubitável que as retaliações promovidas pelo empregador repercutem na esfera moral do empregado a partir de uma ação direta, constituindo-se, dessa forma, uma violência.

A jurisprudência, como será explicitado mais adiante, tem decidido em favor do empregado sempre que diante de circunstâncias que caracterizem despedida em retaliação ao direito de ação.

Contudo, a garantia de indenidade abarca muitas outras formas de práticas retaliativas. Há exemplos na jurisprudência, que serão objeto de estudo nos capítulos seguintes, nos quais resta evidenciado o reconhecimento da Justiça do Trabalho

---

[23] MICHAUD, Yves. A Violência. São Paulo: Ática Editora, 1989, p 11.

acerca da garantia de indenidade. Em sua maior parte, casos de despedida arbitrária logo após o ajuizamento da ação trabalhista contra o atual empregador.

Maior dificuldade observa-se, no entanto, em identificar as práticas retaliativas que ocorrem de forma velada, uma espécie de assédio moral, a exemplo de boicote a progressão funcional, isolamento etc. Nessas situações há maior dificuldade probatória para que se caracterize o desrespeito à garantia de indenidade.

Interessante ainda mencionar que a garantia de indenidade não se condiciona ao êxito na demanda. Isso porque o que se pretende garantir é a efetividade do direito de ação do proponente, reprimindo práticas que visem retaliar o exercício pelo empregado do direito a uma tutela judicial. Não importa desse modo, o resultado da ação judicial.

No tocante aos fundamentos que embasam a garantia de indenidade, temos que o princípio da igualdade e a proibição de discriminação foram os primeiros argumentos empregados para a consolidação desse instituto, evoluindo para comportar ainda a não possibilidade de retaliação ao exercício de um direito fundamental (o direito de ação).

Nos dois subtítulos seguintes, abordaremos esses mencionados fundamentos (princípio da não discriminação e o direito de ação).

2.1 PRINCÍPIO DA IGUALDADE E A PROIBIÇÃO DE DISCRIMINAÇÃO

O princípio da igualdade se fez presente ao tornar nulo o ato de represália por parte do empregador, bem como no momento em que surgem normas expressas decretando a nulidade de despedidas que se caracterizem como atos retaliativos.

No Brasil, a Constituição Federal assevera que todos são iguais perante a Lei, de acordo com os termos estabelecidos na própria CF, vejamos:

> Art. 5º Todos são iguais perante a lei, sem distinção de qualquer natureza, garantindo-se aos brasileiros e aos estrangeiros residentes no País a inviolabilidade do direito à vida, à liberdade, à igualdade, à segurança e à

propriedade, nos termos seguintes: (...)

Desta senda, pelo princípio da igualdade os cidadãos devem gozar de um tratamento isonômico pela Lei, não podendo sofrer diferenciações que não guardem valores que são resguardados pela Constituição.

Por seu turno, a Lei 9.029 de 1995 veda qualquer prática discriminatória para o acesso ou manutenção da relação de trabalho.

> Art. 1º É proibida a adoção de qualquer prática discriminatória e limitativa para efeito de acesso à relação de trabalho, ou de sua manutenção, por motivo de sexo, origem, raça, cor, estado civil, situação familiar, deficiência, reabilitação profissional, idade, entre outros, ressalvadas, nesse caso, as hipóteses de proteção à criança e ao adolescente previstas no inciso XXXIII do art. 7º da Constituição Federal.

Resta claro que o dispositivo mencionado traz um rol exemplificativo de condutas discriminatórias, ao passo que a expressão "entre outros", permita enquadrar o ato de se despedir o empregado em retaliação ao exercício de seu direito de ação, como uma prática discriminatória.

2.2 O DIREITO DE AÇÃO

O direito de ação é um direito público subjetivo do cidadão, no Brasil está previsto na Constituição Federal, artigo 5º, inciso XXXV, de forma abstrata:

> XXXV - a lei não excluirá da apreciação do Poder Judiciário lesão ou ameaça a direito;

Desse dispositivo constitucional é que extrai-se o denominado princípio da inafastabilidade da jurisdição, que impõe ao Poder Judiciário o dever de apreciar toda e qualquer reclamação fundada em prejuízo a direito de quaisquer cidadãos.

Por esse mandamento constitucional, o cidadão tem o direito fundamental de provocar o Poder Judiciário (direito de ação) para ver analisado o seu pedido de afastamento de ameaça a direito.

3 CASOS ILUSTRATIVOS E JURISPRUDÊNCIA

Não são raros os julgados acerca das hipóteses em que o empregado logo após ajuizar ação trabalhista contra o empregador tem o seu contrato de trabalho rescindido, sendo tal conduta reconhecida como ilegítima.

A título ilustrativo foram selecionadas quatro casos concretos relacionados à retaliações após o ajuizamento de ações contra e empregador, a pesquisa foi realizada junto ao Tribunal Superior do Trabalho (TST) e escolhidos aleatoriamente dentre aqueles considerados apropriados como exemplo.

O caso 3 foi escolhido por sua repercussão na imprensa diante da elevada multa cominada ao empregador.

3.1 CASO 1

Caso de empregado dispensado logo após ter ajuizado ação trabalhista contra o empregador.

A Justiça do Trabalho reconheceu o direito à reintegração diante da prática considerada discriminatória:

RECURSO DE REVISTA INTERPOSTO SOB A ÉGIDE DA LEI Nº 13.015/2014. 1. DISPENSA DISCRIMINATÓRIA. RETALIAÇÃO AO AJUIZAMENTO DE AÇÃO TRABALHISTA. DIREITO DE REINTEGRAÇÃO. O princípio da não discriminação nas relações de trabalho está positivado na Declaração da OIT sobre os Princípios e Direitos Fundamentais no Trabalho, nas Convenções 111 e 117, bem como na Lei nº 9.029/1995, cujo rol do art. 1º tem a hermenêutica ampliativa justificada pelo art. 8º da CLT. Na hipótese dos autos, demonstrada a ilicitude da conduta, é devida a reintegração do empregado, nos termos do art. 4º da Lei nº 9.029/1995. Recurso de revista conhecido e provido. 2. DANO MORAL. INDENIZAÇÃO. VALOR. Diante da redação do inciso Ido § 1º-A do art. 896 da CLT, conferida pela Lei nº 13.015/2014, não se conhece do recurso de revista quando a parte não indicar o trecho da decisão recorrida que consubstancia o prequestionamento da controvérsia objeto do apelo. Recurso de revista não conhecido.

(...)

- Mérito

(...)

Conforme explica o Ministro Ives Gandra Martins Filho, em voto cuja ementa está abaixo transcrita, "no caso de restar provada a dispensa retaliativa pelo exercício de ação, há agravamento da situação de fato e de direito à reintegração por

> discriminação e obstáculo ao direito de agir. Ampara o empregado nessa situação é assegurar que a Justiça do Trabalho não se torne a "'Justiça do Desempregado'. Há de se garantir ao trabalhador o direito de ação no curso da relação empregatícia, não apenas através do Sindicato ou MPT".
>
> (TST - RR: 109932220145030061, Relator: Alberto Luiz Bresciani de Fontan Pereira, Data de Julgamento: 01/06/2016, 3ª Turma, Data de Publicação: DEJT 03/06/2016)

Em face disso, reconheceu-se a prática discriminatória e o empregador teve reconhecido o direito de ser reintegrado aos quadros da empresa.

O artigo 1º da Lei 9.029/95 apresenta-se nos seguintes termos:

> É proibida a adoção de qualquer prática discriminatória e limitativa para efeito de acesso à relação de trabalho, ou de sua manutenção, por motivo de sexo, origem, raça, cor, estado civil, situação familiar, deficiência, reabilitação profissional, idade, entre outros, ressalvadas, nesse caso, as hipóteses de proteção à criança e ao adolescente previstas no inciso XXXIII do art. 7º da Constituição Federal.

A compreensão do TST é de que o rol enumerado não é taxativo, permitindo sua extensão para outras formas de discriminação, a serem constatadas nos casos concretos examinados, inclusive porque a primeira parte do dispositivo, expressamente, refere-se a "qualquer prática discriminatória", permitindo, assim, a adoção de interpretação ampliativa, à luz do ordenamento jurídico brasileiro e dos princípios da proteção ao trabalhador.

Ademais, com amparo nos princípios da dignidade da pessoa humana e dos valores sociais do trabalho (artigo 1º, incisos III e IV, da Constituição Federal), a jurisprudência majoritária sempre é no sentido de que o direito potestativo do empregador não é absoluto e muitas vezes esse direito é invocado para mascarar o real motivo da dispensa.

A retaliação perpetrada pelo empregador nas hipóteses como a ora examinada constitui não apenas uma forma de punir o empregado, mas, também, de impedir o exercício do direito de ação e evitar um julgamento que lhe seja favorável e, portanto, impõe a nulidade da dispensa.

3.2 CASO 2

Caso de dois irmãos empregados em um banco, dispensados imediatamente após o genitor, ex-empregado da instituição financeira, ter ajuizado ação trabalhista contra o ex-empregador, a seguir trecho da sentença:

> Processo: 0020218-02.2013.5.04.0020
> Autor: MPT4 - Ministério Público do Trabalho da 4ª Região Réu: Banco Bradesco S.A. Terceiro Interessado: Sindicato dos Bancários
>
> DISPOSITIVO
>
> Ante o exposto, preliminarmente, rejeito as alegações de incompetência da vara do trabalho da capital, de ilegitimidade ativa e de inépcia da petição inicial. No mérito, julgo PARCIALMENTE PROCEDENTES os pedidos formulados pelo MINISTÉRIOPÚBLICO DO TRABALHO DA 4ª REGIÃO em face do BANCO BRADESCO S/A, resolvendo o mérito com base no artigo 487, I, do CPC, para:
>
> I - Condenar o réu em obrigação de não fazer consistente em se abster de promover, praticar ou tolerar qualquer ato discriminatório ou represália, tais como dispensar, punir, ameaçar, coagir, deixar de admitir, de promover ou de oferecer cursos a seus empregados em razão do ajuizamento de ação por eles ou por seus familiares, sob pena de pagamento de multa no valor de R$ 50.000,00

> (cinquenta mil reais), por cada violação ao dever ora fixado e por trabalhador atingido.
>
> II - Condenar o réu em obrigação de pagar indenização por danos morais coletivos em valor equivalente a 1% do lucro líquido do Banco nos anos de 2008, 2009, 2010, 2011 e 2012, conforme se apurar em fase de liquidação, com atualização monetária pelo IPCA-E desde o final de cada exercício (31 de dezembro) e com juros de 1% ao mês a contar do ajuizamento da ação (art. 883 da CLT).

Constatou-se que o banco vinha adotando prática discriminatória contra seus empregados que viessem a ajuizar ação trabalhista contra a empresa, eles próprios ou seus familiares, como o caso em tela. Práticas diversas da dispensa foram observadas, tais como ameaça, coação e perseguições (assédio moral), como deixar de oferecer treinamentos.

Houve a condenação do banco, réu, na obrigação de não fazer, além indenização por danos morais coletivos.

3.3 CASO 3

Caso de empregado também dispensado logo após ter ajuizado reclamação trabalhista, a dispensa foi considerada "retaliativa" violando o direito de ação.

PROCESSO Nº TST-Ag-E-ED-ARR-11240-03.2014.5.03.0061 Firmado por assinatura digital em 17/11/2017 pelo sistema AssineJus da Justiça do Trabalho, conforme MP 2.200-2/2001, que instituiu a Infra-Estrutura de Chaves Públicas Brasileira. pagamento dos salários devidos no período de afastamento. Recurso de embargos não conhecido. Vistos, relatados e discutidos estes autos de Agravo em Embargos em Embargos de Declaração em Recurso de Revista com Agravo n° TST-Ag-E-ED-ARR-11240-03.2014.5.03.0061, em que é Agravante e Embargante MAHLE METAL LEVE S.A. e Agravado e Embargado BENEDITO ANTONIO FRANCISCO JUNIOR.

A Eg. Terceira Turma desta Corte, pelo acórdão das fls. 781-92, complementado às fls. 833-6, quanto ao tema "dispensa retaliativa – caracterização – prática discriminatória – Lei nº 9.029/95 – nulidade – princípio da isonomia – ofensa à dignidade da pessoa humana – violação de intimidade, vida privada e honra", conheceu do recurso de revista do

> reclamante, por divergência jurisprudencial, e, no mérito, deu-lhe provimento para "declarar a nulidade da dispensa discriminatória, condenando a reclamada ao pagamento de todas as parcelas trabalhistas do período de afastamento, como base no salário percebido anteriormente à demissão, com reflexos".

Neste caso o empregador foi condenado a reintegrar o empregado e lhe pagar todas as verbas relativas ao período observado entre a dispensa e a reintegração.

3.4 CASO 4

Caso de empregado da Caixa Econômica Federal que após ter ajuizado reclamação trabalhista contra a empresa, passou a sofrer diversas espécies de retaliações, como a proibição exclusiva a ele para a realização de horas extras e a destituição da função exercida:

> PROCESSO Nº TST-RR-10169-31.2013.5.14.0081 [...] princípio da razoabilidade, cujo corolário é o

princípio da proporcionalidade, pelo qual se estabelece a relação de equivalência entre a gravidade da lesão e o valor monetário da indenização imposta, de modo que possa propiciar a certeza de que o ato ofensor não fique impune e servir de desestímulo a práticas inadequadas aos parâmetros da lei. No caso concreto, ficou comprovado nos autos que o Reclamante foi vítima de retaliações da Empregadora em virtude de ter ajuizado, contra ela, uma ação trabalhista anteriormente a esta reclamação. Infere-se do acórdão regional que o Obreiro, logo após o ajuizamento daquela ação, foi impedido de prestar horas extras na agência em que laborava, tendo sido editada uma ordem de serviço para tal propósito, exclusivamente destinada a ele. Além disso, também houve a destituição da função de caixa, sofrendo o Autor reversão à função de técnico bancário, com remuneração inferior. Por fim, consta informação de que o Reclamante, em face da ação ajuizada, não conseguiu realizar uma permuta para agência de outra localidade, representando, tal fato, mais um efeito do assédio moral sofrido no contexto da relação empregatícia. Diante do assédio moral comprovado, a sentença arbitrou em R$50.00,00 a indenização a ser paga pela Reclamada a título de dano moral, tendo o TRT, contudo, dado provimento ao recurso ordinário da Reclamada para reduzir esse montante para R$ 20.0000. Fixadas tais premissas, tem-se que o valor rearbitrado pelo TRT (R$ 20.000,00) é desproporcional ao dano experimentado pelo Obreiro, enquanto o valor fixado na sentença atende aos princípios da razoabilidade e proporcionalidade.

Neste caso, a Justiça do Trabalho igualmente reconheceu que as atitudes empreendidas pela Caixa Econômica Federal foram retaliativas ao gesto do empregado, condenando-a no pagamento de indenização por danos morais.

Além dos casos já expostos, há inúmeros acórdãos do TST que consolidam a jurisprudência predominante, no sentido de punir o empregador que em um gesto retaliativo ao empregado que reclame judicialmente direito trabalhista sofra despedida ou qualquer outro modo de indevida punição, possibilitando ao empregado indevidamente retaliado optar pela reintegração e percepção das remunerações devidas pelo período do afastamento ou não ser reintegrado, mas receber em dobro o valor das remunerações devidas pelo período do afastamento, em ambos os casos com a devida correção monetária e juros legais, nos termos do artigo 4º da Lei 9.029/95.

> Art. 4º O rompimento da relação de trabalho por ato discriminatório, nos moldes desta Lei, além do direito à reparação pelo dano moral, faculta ao empregado optar entre:
>
> I - a reintegração com ressarcimento integral de todo o período de afastamento, mediante pagamento das remunerações devidas, corrigidas monetariamente e acrescidas de juros legais;
>
> II - a percepção, em dobro, da remuneração do período de afastamento, corrigida monetariamente e acrescida dos juros legais.

No apêndice deste trabalho colecionamos alguns acórdãos do TST corroborando com as decisões anteriormente exemplificadas e discutidas.

Vejamos:

Como visto, a jurisprudência é pacífica no sentido de que punir o empregado por quaisquer formas, retaliando-o ou adotando práticas discriminatórias, pelo fato de ter ajuizado ação trabalhista constitui cerceamento do direito ao acesso à justiça, uma garantia constitucional.

Além disso, as práticas discriminatórias são expressamente vedadas pela Lei 9.029/95, bem como nas Convenções 111 e 117 da Organização Internacional do Trabalho (OIT).

Trata-se, pois, da garantia de indenidade que protege o trabalhador de tais práticas, buscando dar efetividade ao seu direito constitucional de demandar em juízo.

Contudo, ainda que a justiça busque conferir a garantia da indenidade, ainda assim há no senso comum o receio de que em momento posterior o empregado venha a ser dispensado sem que se configure um ato retaliativo.

No entanto, segundo o mesmo princípio da garantia de indenidade, em que pese no Brasil vigorar a sistemática de que as demissões imotivadas sejam permitidas, desde que se pague a devida indenização, havendo indícios de discriminação ou tentativa de vingança em relação à empregado reintegrado judicialmente, essa segunda dispensa também será nula.

Inobstante tal prerrogativa conferida pelo princípio da livre iniciativa, examinado na primeira parte deste trabalho, há jurisprudência fartamente exposta no capítulo anterior, que vem no sentido de reafirmar a garantia de indenidade e promover a anulação de despedidas nessas condições (caracterizadas pela intenção de se punir o empregado litigante).

4 DESCRIÇÃO E RESULTADOS DA PESQUISA

Entre os dias 14 de julho e 16 de outubro de 2019 foram aplicados questionários junto a empregados pelo regime celetista, dentre lotados na iniciativa privada e empregados públicos.

Ao todo foram inquiridas 100 pessoas.

As perguntas formuladas foram as seguintes:

1) Seu empregador é empresa privada ou estatal?
2) Já ajuizou ação trabalhista individual contra a atual empresa?
3) Se possui ação trabalhista contra a atual empresa, já sofreu alguma retaliação?
4) Se possui ação trabalhista individual contra o atual empregador, recebeu alguma promoção após o ajuizamento?
5) Caso não tenha ajuizado ação trabalhista individual contra o atual empregador, havendo motivos, ajuizaria?
6) em sua opinião, aquele que ajuíza ação trabalhista contra o atual empregador tem prejudicada a sua carreira na empresa?

7) Em sua opinião, qual o melhor momento para ajuizar uma ação trabalhista contra o empregador?

8) Em sua opinião, ajuizar uma ação trabalhista contra o atual empregador é um ato de deslealdade do empregado?

Os resultados da pesquisa foram os a seguir expendidos:

4.1 RESULTADOS GERAIS

Pergunta 1: "Seu empregador é empresa privada ou estatal?"

35 (trinta e cinco) pessoas, 35% dos entrevistados, responderam ser empregados celetistas do setor privado e 65 (sessenta e cinco) pessoas, 65% dos entrevistados, responderam ser empregados celetistas do setor público (empregados públicos);

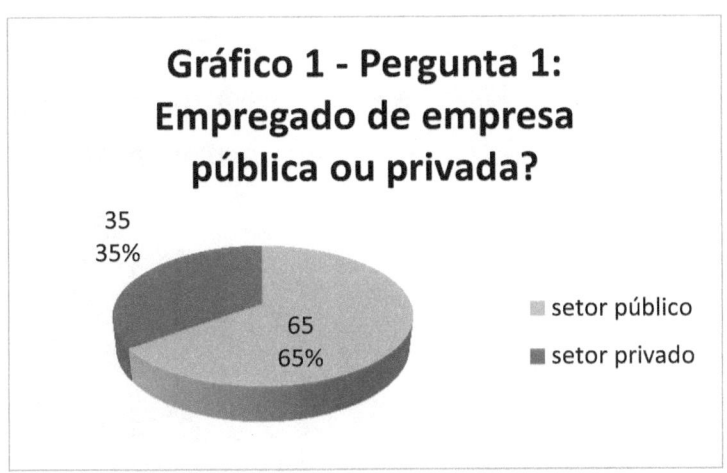

Pergunta 2: "Já ajuizou ação trabalhista individual contra a atual empresa?"

15 (quinze) pessoas entrevistadas, 15% delas, responderam afirmativamente e 85 (oitenta e cinco), 85%, responderam que negativamente.

Gráfico 2 - Pergunta 2 : Possui ação trabalhista contra o atual empregador?

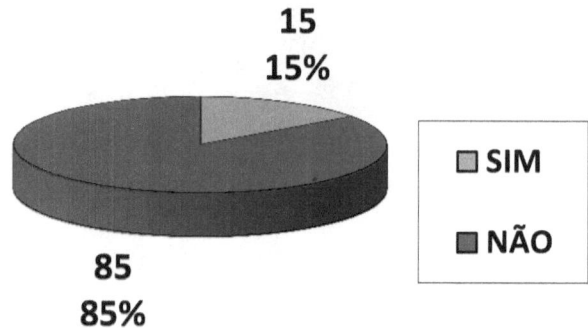

Pergunta 3: "Se possui ação trabalhista contra a atual empresa, já sofreu alguma retaliação?"

09 (nove), 60%, responderam afirmativamente, 06 (seis), 40%, negativamente.

Gráfico 3 - Pergunta 3 : Já sofreu retaliação por ter ajuizado a ação?

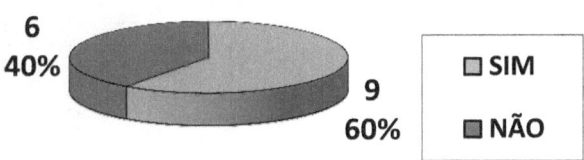

Pergunta 4: "Se possui ação trabalhista individual contra o atual empregador, recebeu alguma promoção após o ajuizamento?"

Nenhum dos entrevistados respondeu afirmativamente, ao passo que a totalidade daqueles que possuíam ação trabalhista, 15 (quinze), 100% dos entrevistados, responderam negativamente.

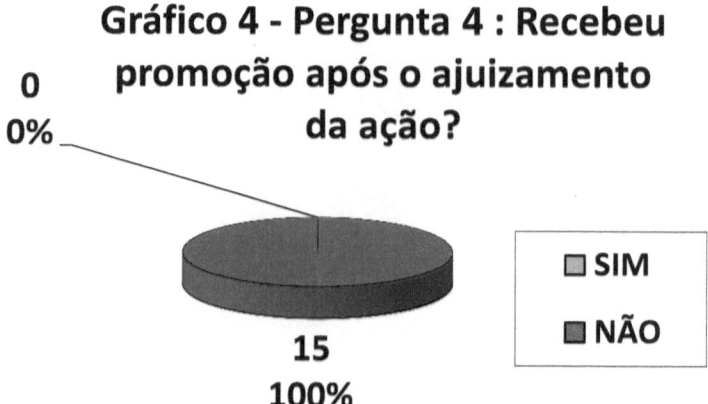

Gráfico 4 - Pergunta 4 : Recebeu promoção após o ajuizamento da ação?

Pergunta 5: "Caso não tenha ajuizado ação trabalhista individual contra o atual empregador, havendo motivos, ajuizaria?"

18 (dezoito), 20%, responderam que "sim, sem qualquer temor"; 29 (vinte e nove), 32%, responderam que "sim, mas teme ser retaliado"; 19 (dezenove), 21%, responderam que "não, por temer retaliações", 25 (vinte e cinco), 27%, responderam que "não, por outros motivos".

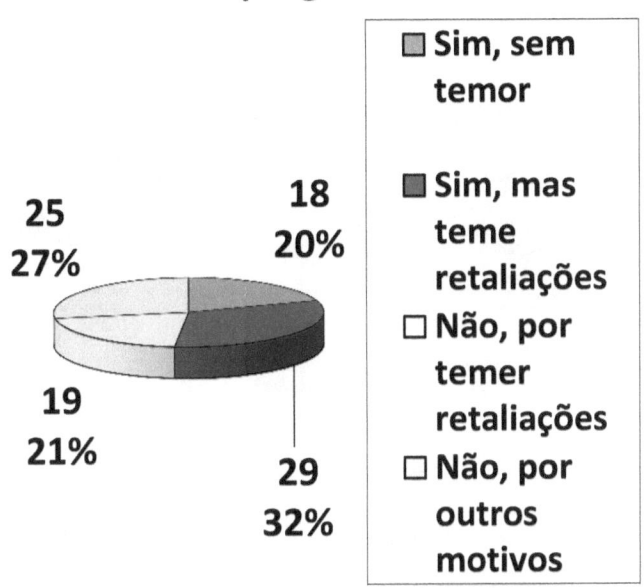

Gráfico 5 - Pergunta 5:
Ajuizaria ação contra o atual empregador?

Pergunta 6: "em sua opinião, aquele que ajuíza ação trabalhista contra o atual empregador tem prejudicada a sua carreira na empresa?"

91 (noventa e um), 91%, responderam que "sim" e 11 (onze), 11%, responderam que "não".

Gráfico 6 - Pergunta 6 : Ajuizar ação prejudica a carreira na empresa?

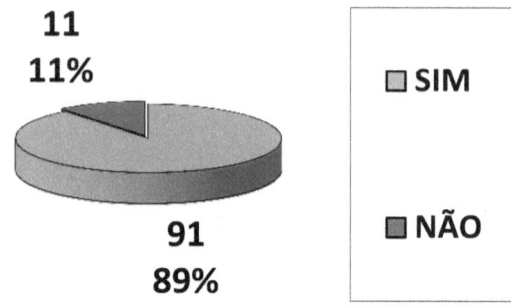

Pergunta 7: "Em sua opinião, qual o melhor momento para ajuizar uma ação trabalhista contra o empregador?"

25 (vinte e cinco), 25%, das respostas foram: "No momento em que houver motivo, mesmo que na vigência do contrato de trabalho" e 75 (sessenta e cinco), 75%, responderam que "Após o término da relação de emprego".

Gráfico 7 - Pergunta 7 : Melhor momento para ajuizar a ação

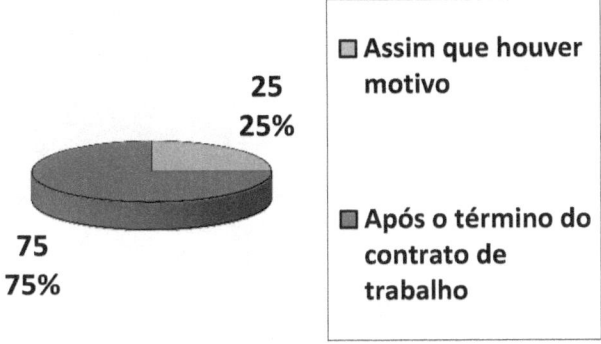

Pergunta 8: "Em sua opinião, ajuizar uma ação trabalhista contra o atual empregador é um ato de deslealdade do empregado?"

18 (dezoito), 18% dos entrevistados responderam que "sim" e 82 (oitenta e dois), 82%, responderam "não".

Gráfico 8 - Pergunta 8 : Ajuizar ação contra o atual empregador é deslealdade?

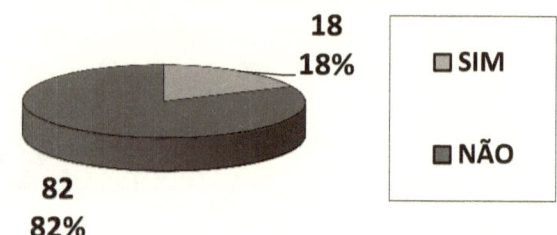

4.2 RESULTADOS PARCIAIS

4.2.1 Respostas dos empregados de empresas privadas

Pergunta 1: "Seu empregador é empresa privada ou estatal?"

35 (trinta e cinco) entrevistados responderam ser empregados celetistas do setor privado;

Pergunta 2: "Já ajuizou ação trabalhista individual contra a atual empresa?"

02 (dois), 6%, dos entrevistados responderam afirmativamente e 33 (trinta e três), 94%, responderam que negativamente.

Gráfico 9 - Pergunta 2 : Possui ação trabalhista contra o atual empregador?

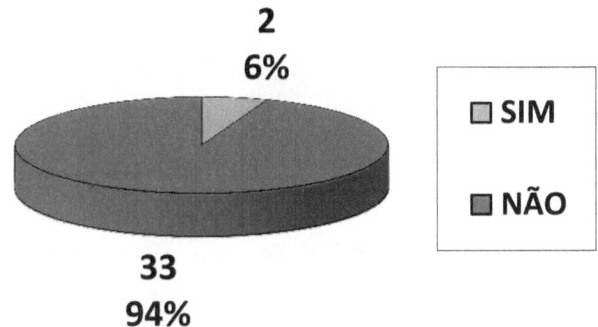

Pergunta 3: "Se possui ação trabalhista contra a atual empresa, já sofreu alguma retaliação?"

1 (um), 20%, respondeu afirmativamente, 04 (quatro), 80%, respondeu negativamente .

Gráfico 10 - Pergunta 3 : Já sofreu retaliação por ter ajuizado a ação?

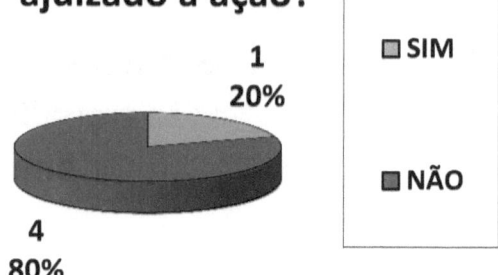

Pergunta 4: "Se possui ação trabalhista individual contra o atual empregador, recebeu alguma promoção após o ajuizamento?"

Nenhum dos entrevistados respondeu afirmativamente, ao passo que a totalidade daqueles que possuíam ação trabalhista, 5 (cinco), 14% dos entrevistados, responderam negativamente diante de 30 (trinta), 86% que responderam não possuir ação trabalhista contra o atual empregador.

**Gráfico 11 - Pergunta 4 :
Recebeu promoção após o
ajuizamento da ação?**

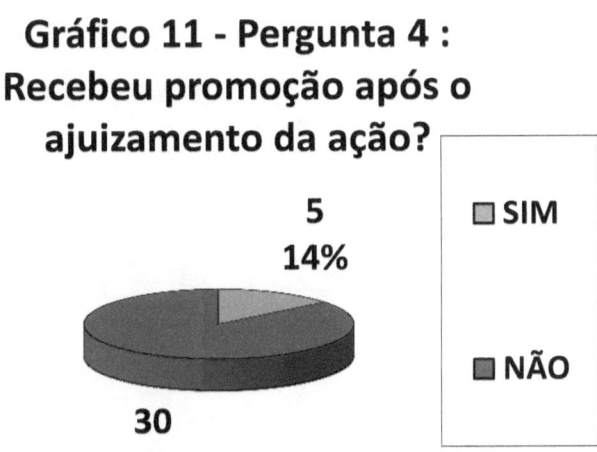

Pergunta 5: "Caso não tenha ajuizado ação trabalhista individual contra o atual empregador, havendo motivos, ajuizaria?"

10 (dez), 28%, responderam que "sim, sem qualquer temor"; 11 (onze), 31%, responderam que "sim, mas teme ser retaliado"; 04 (quatro), 11%, responderam que "não, por temer retaliações", 11 (onze), 30%, responderam que "não, por outros motivos".

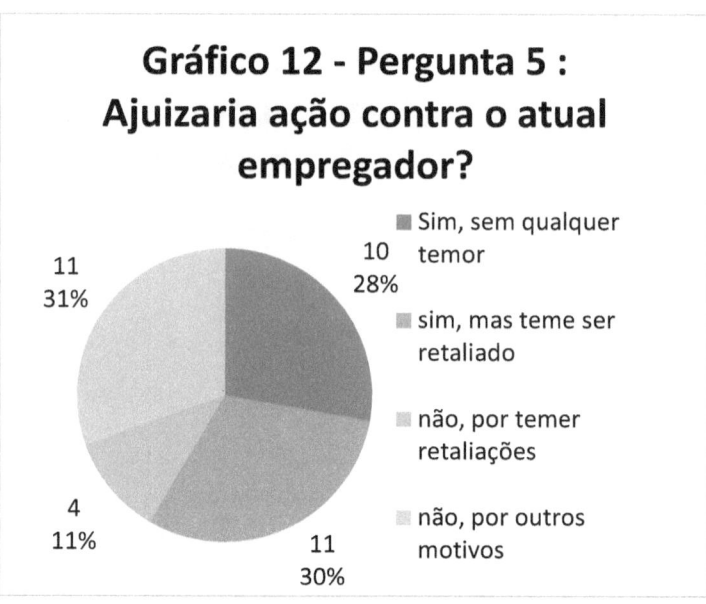

Pergunta 6: "em sua opinião, aquele que ajuíza ação trabalhista contra o atual empregador tem prejudicada a sua carreira na empresa?"

30 (trinta), 86%, responderam que "sim" e 5 (cinco), 14%, responderam que "não".

**Gráfico 13 - Pergunta 6 :
Ajuizar ação prejudica a
carreira na empresa?**

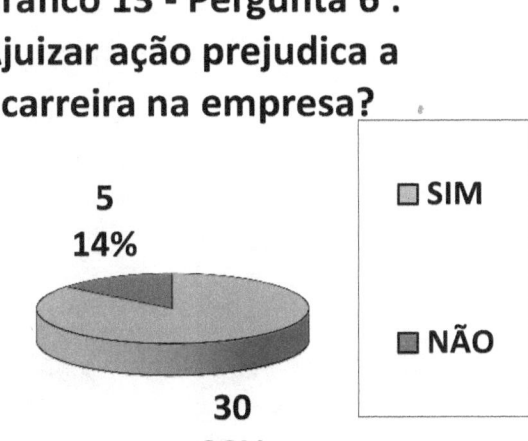

Pergunta 7: "Em sua opinião, qual o melhor momento para ajuizar uma ação trabalhista contra o empregador?"

11 (onze), 31%, das respostas foram: "No momento em que houver motivo, mesmo que na vigência do contrato de trabalho" e 24 (vinte e quatro), 69%, responderam que "Após o término da relação de emprego".

Gráfico 14 - Pergunta 7 : Melhor momento para ajuizar a ação

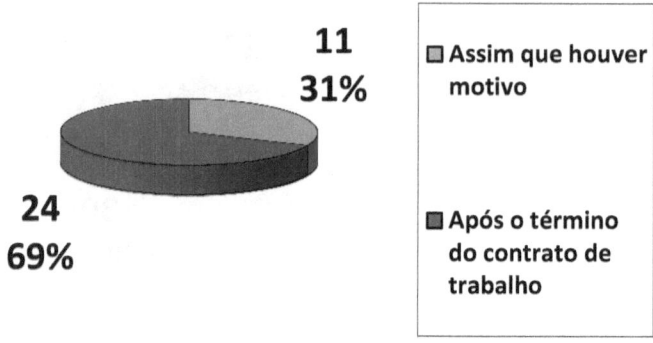

Pergunta 8: "Em sua opinião, ajuizar uma ação trabalhista contra o atual empregador é um ato de deslealdade do empregado?"

04 (quatro), 11% dos entrevistados responderam que "sim" e 31 (trinta e um), 89%, responderam "não".

Gráfico 15 - Pergunta 8 : Ajuizar ação contra o atual empregador é deslealdade?

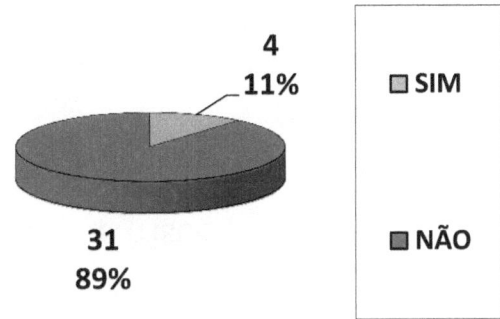

4.2.2 Respostas dos empregados de empresas estatais

Pergunta 1: "Seu empregador é empresa privada ou estatal?"

65 (sessenta e cinco) entrevistados responderam ser empregados celetistas do setor público (empresas estatais);

Pergunta 2: "Já ajuizou ação trabalhista individual contra a atual empresa?"

13 (treze), 20%, dos entrevistados responderam afirmativamente e 52 (cinquenta e dois), 80%, responderam que negativamente.

Gráfico 16 - Pergunta 2 : Possui ação trabalhista contra o atual empregador?

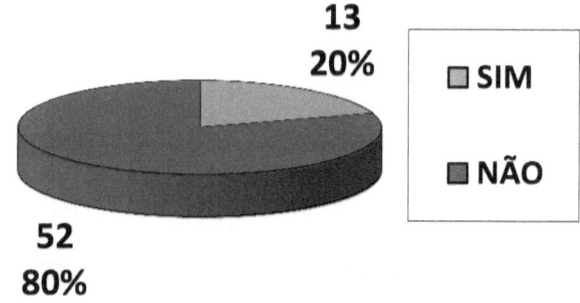

Pergunta 3: "Se possui ação trabalhista contra a atual empresa, já sofreu alguma retaliação?"

08 (oito), 12%, responderam afirmativamente, 09 (nove), 14%, responderam negativamente e 48 (quarenta e oito), 74%, responderam não ter ajuizado ação trabalhista contra o atual empregador.

Gráfico 17 - Pergunta 3 : Já sofreu retaliação por ter ajuizado a ação?

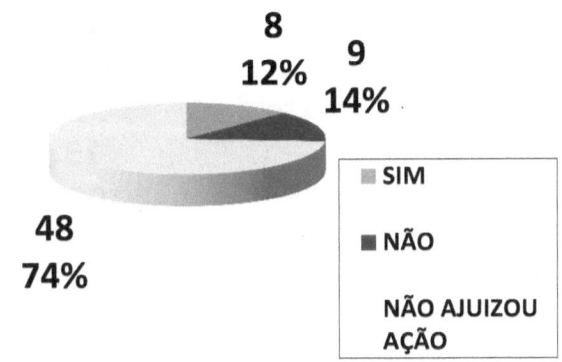

Pergunta 4: "Se possui ação trabalhista individual contra o atual empregador, recebeu alguma promoção após o ajuizamento?"

Nenhum dos entrevistados respondeu afirmativamente, ao passo que a totalidade daqueles que possuíam ação trabalhista, 15 (quinze), 100% dos entrevistados, responderam negativamente.

**Gráfico 18 - Pergunta 4 :
Recebeu promoção após o ajuizamento da ação?**

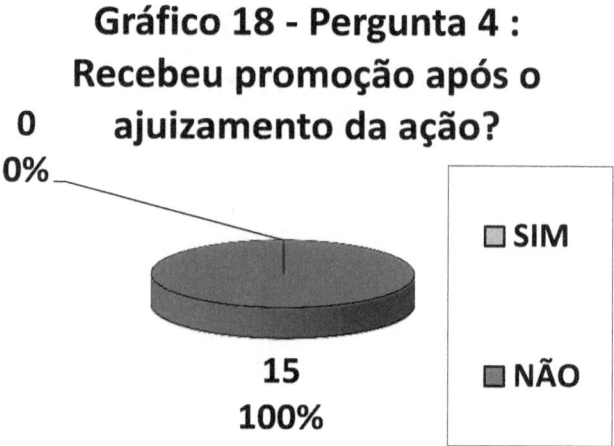

Pergunta 5: "Caso não tenha ajuizado ação trabalhista individual contra o atual empregador, havendo motivos, ajuizaria?"

8 (oito), 15%, responderam que "sim, sem qualquer temor"; 18 (dezoito), 33%, responderam que "sim, mas teme ser retaliado"; 15 (quinze), 27%, responderam que "não, por temer retaliações",14 (quatorze), 25%, responderam que "não, por outros motivos.

Gráfico 19 - Pergunta 5 : Ajuizaria ação contra o atual empregador?

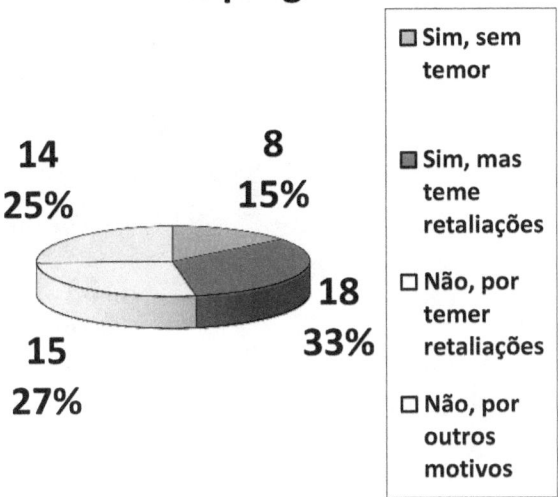

Pergunta 6: "em sua opinião, aquele que ajuíza ação trabalhista contra o atual empregador tem prejudicada a sua carreira na empresa?"

61 (sessenta e um), 91%, responderam que "sim" e 6 (seis), 9%, responderam que "não".

Gráfico 20 - Pergunta 6 : Ajuizar ação prejudica a carreira na empresa?

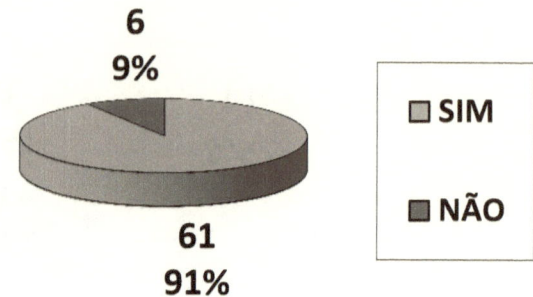

Pergunta 7: "Em sua opinião, qual o melhor momento para ajuizar uma ação trabalhista contra o empregador?"

14 (quatorze), 22%, das respostas foram: "No momento em que houver motivo, mesmo que na vigência do contrato de trabalho" e 51 (cinquenta e um), 78%, responderam que "Após o término da relação de emprego".

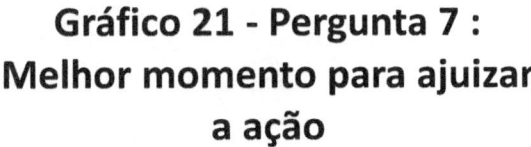

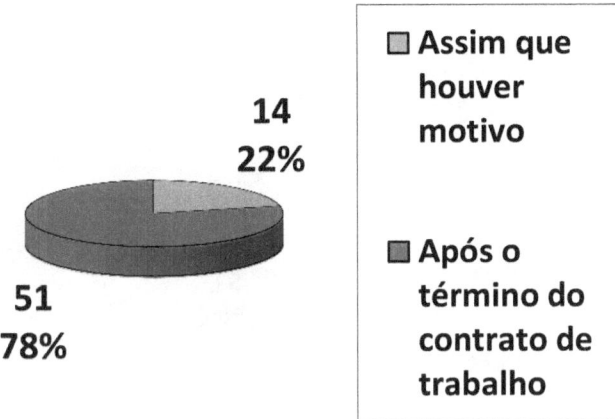

Pergunta 8: "Em sua opinião, ajuizar uma ação trabalhista contra o atual empregador é um ato de deslealdade do empregado?"

14 (quatorze), 22% dos entrevistados responderam que "sim" e 51 (cinquenta e um), 78%, responderam "não".

Gráfico 22 - Pergunta 8 :
Ajuizar ação contra o atual empregador é deslealdade?

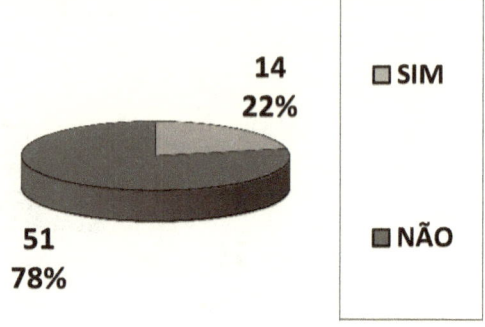

4.3 ANÁLISE DOS DADOS

Verifica-se que dentre aqueles entrevistados que declaram possuir ação trabalhista contra o atual empregador, 15, a sua maioria é empregado de empresa pública ou sociedade de economia mista, 13, e apenas 02 são do setor privado vejamos:

Entrevistados que possuem ação trabalhista contra o atual empregador: 15	
Setor público	Setor privado
13 (87%)	02 (13%)

Isso indica um menor temor dentre os empregados celetistas do setor público diante de retaliações, do que no grupo de empregados do setor privado. Ressalte-se, mais uma vez, que nesta pesquisa os empregados do setor público são apenas os celetistas, ou seja, aqueles contratados pelo regime da CLT lotados nas empresas públicas e sociedades de economia mista.

O temor explicitado nas entrevistas explica-se pelo elevado número de retaliações declaradas nas entrevistas, tanto no setor público (empregados celetistas) quanto no privado, no grupo daqueles que responderam possuir ação trabalhista contra o atual empregador, vejamos:

Sofreu retaliação após o ajuizamento da ação trabalhista contra o atual empregador?	
Setor público	Setor privado
61%	50%

Além disso, a totalidade daqueles que ajuizaram demanda trabalhista (empregados públicos e privados) contra o atual empregador declararam não mais ter recebido promoções.

Promovidos após o ajuizamento da ação	
Setor público	Setor privado
0	0

Ressalte-se que tal conduta por parte do empregador (impedir a promoção funcional daqueles que demandem judicialmente contra empresa) também é reprimida pela jurisprudência do TST, vez que impedir o acesso à promoção funcional também caracteriza prática retaliativa. A seguir reproduz-se precedente da SBDI/TST:

ACÓRDÃO

(SDI-1)

GMMCP/pr/ls

AGRAVO REGIMENTAL - INTERPOSIÇÃO SOB A ÉGIDE DA LEI Nº 13.015/2014 - EMBARGOS EM RECURSO DE REVISTA – CEF - ADESÃO AO NOVO PLANO DE FUNÇÕES GRATIFICADAS – RENÚNCIA À JORNADA DE SEIS HORAS – OPÇÃO POR MANTER VÍNCULO AO REG/REPLAN – GARANTIA DA POSSIBILIDADE DE ASCENSÃO PROFISSIONAL – ARESTOS INESPECÍFICOS

A decisão que não admitiu os Embargos é incensurável, porquanto inespecíficos os arestos indicados (Súmula nº 296, I, do TST). Não se verifica contrariedade à Súmula nº 51, II, do TST.

Agravo Regimental a que se nega provimento.

Vistos, relatados e discutidos estes autos de Agravo em Embargos em Embargos de Declaração em Recurso de Revista n° **TST-Ag-E-ED-RR-1434-16.2010.5.09.0093**, em que é Agravante **SINDICATO DOS**

TRABALHADORES E EMPREGADOS EM ESTABELECIMENTOS BANCÁRIOS E SIMILARES OU CONEXOS DE LONDRINA E REGIÃO e Agravada **CAIXA ECONÔMICA FEDERAL - CEF**.

O Reclamante interpõe Agravo Regimental (fls. 592/607) à decisão da Presidência da C. 7ª Turma (fls. 586/590), denegatória de seguimento aos Embargos .

Regularmente intimada, a Agravada se manifestou, mediante impugnação e contrarrazões, em peça única (fls. 612/618) .

É o relatório.

V O T O

I – CONHECIMENTO

Interposto tempestivamente (fls. 591 e 610) e regular a representação (fls. 4, 20, 608 e 609), **conheço** do Agravo Regimental.

II – MÉRITO

A decisão agravada foi proferida nos seguintes termos (fls. 586/590):

2.1. CONDIÇÃO PARA MIGRAÇÃO AO PLANO DE FUNÇÕES GRATIFICADAS – SALDAMENTO REG/REPLAN - CLÁUSULA QUE VEDA AOS EMPREGADOS QUE TIVERAM O DIREITO À JORNADA DE SEIS HORAS RECONHECIDO

JUDICIALMENTE À MESMA POSSIBILIDADE DE ADESÃO – RENÚNCIA - CONDIÇÕES – POSSIBILIDADE DE ASCENSÃO FUNCIONAL NO PLANO ANTERIOR - GARANTIA

A Egrégia 7ª Turma desta Corte Superior, por unanimidade, conheceu do recurso de revista interposto pela ré, apenas quanto ao tema em epígrafe, por contrariedade à Súmula nº 51, II, do TST, e, no mérito, deu-lhe parcial provimento para declarar a validade da cláusula de saldamento do plano de benefícios REG/Replan, como condição para adesão dos empregados ao novo PCS da empresa, bem como da cláusula que exige a renúncia à jornada de 6 horas, reconhecida judicialmente, para o cargo do plano anterior, desde que se assegure aos empregados que escolham não migrar o direito a todas as vantagens previstas no PCC/98, inclusive a possibilidade regular de ascensão profissional. Eis o teor da ementa da referida decisão:

"CONDIÇÃO PARA MIGRAÇÃO AO PLANO DE FUNÇÕES GRATIFICADAS – SALDAMENTO REG/REPLAN - CLÁUSULA QUE VEDA AOS EMPREGADOS QUE TIVERAM O DIREITO À JORNADA DE SEIS HORAS RECONHECIDO JUDICIALMENTE À MESMA POSSIBILIDADE DE ADESÃO – RENÚNCIA - CONDIÇÕES – POSSIBILIDADE DE ASCENSÃO FUNCIONAL NO PLANO ANTERIOR - GARANTIA. Este Tribunal firmou entendimento no sentido de que a cláusula que previu o saldamento do plano de benefícios REG/Replan, como condição para adesão dos empregados ao novo PCS da empresa, é válida. A opção do empregado por um dos regulamentos tem efeito jurídico de renúncia às regras do outro, ainda que os benefícios estejam previstos em regulamento instituído por entidades de previdência privada, bastando não estar viciada a renúncia. <u>Quanto à pretensão do reclamante de não renunciar a direitos (jornada de seis horas reconhecida judicialmente), pugnando pela invalidade da cláusula de vedação de tal direito constante do plano de benefícios, com ressalva do meu entendimento, reconheceu-se a validade da renúncia à jornada de seis horas reconhecida judicialmente, para o cargo do plano anterior, desde que se assegure aos empregados que escolham não migrar o direito a todas as vantagens previstas no PCC/98, inclusive a possibilidade regular de ascensão profissional</u> . Diante de tal reconhecimento, é necessário que se conceda novo prazo aos empregados substituídos, para que façam sua opção, com esses parâmetros. Recurso de revista conhecido e parcialmente provido." (fls. 474/475)

Opostos embargos de declaração pelo sindicato autor, <u>a Turma lhes deu provimento com efeito modificativo para determinar que conste no dispositivo da decisão a condenação da reclamada ao pagamento das vantagens previstas no PCC/98, inclusive a possibilidade regular de ascensão profissional, atingindo parcelas vencidas e vincendas</u> , observando a prescrição quinquenal parcial, conforme se apurar em liquidação de sentença, conforme acórdão prolatado às fls. 546/549.

Inconformado, o sindicato autor interpõe o presente recurso de embargos à SBDI-1 do TST, no qual alega que é discriminatória a norma interna que veda aos empregados que tiveram o direito à jornada de seis horas reconhecido judicialmente a mesma possibilidade de progressão funcional e salarial concedida a outros empregados, exercentes da mesma função, em jornada de oito horas. Sustenta que afronta direitos mínimos dos empregados a cláusula que exige o saldamento do plano anterior (REG/Replan) como requisito para a adesão ao novo plano. Esgrime com violação do artigo 7°, XXVI, da Constituição Federal. Aponta contrariedade à Súmula n° 51, II, do TST. Colaciona arestos para o cotejo de teses.

Primeiramente, esclareça-se que, nos termos da redação atual do art. 894, II, da CLT, a admissibilidade do recurso de embargos está condicionada apenas à demonstração de divergência jurisprudencial entre Turmas do TST ou entre estas e a SBDI e contrariedade a súmula ou orientação jurisprudencial do TST ou súmula vinculante do STF. Inviável, portanto, o exame do recurso quanto à alegada violação do artigo 7°, XXVI, da Constituição Federal.

De outro lado, não se há de falar em divergência jurisprudencial, porquanto <u>a decisão recorrida assegurou aos empregados que escolheram não migrar o direito a todas</u>

as vantagens previstas no PCC/98, inclusive a possibilidade regular de ascensão profissional . Quanto a este ponto, os arestos paradigmas estão em consonância com a decisão recorrida.

Outrossim, esta Corte Superior firmou o entendimento de que é válido exigir dos empregados o saldamento do REG/Replan com migração para um novo plano de complementação de aposentadoria como condição para a adesão a um novo plano de cargos e salários da Caixa Econômica Federal. Desse modo, a opção do empregado por um dos regulamentos tem efeito jurídico de renúncia às regras do sistema do outro. Nesse sentido, os precedentes abaixo transcritos:

(...)

Desse modo, a decisão ora embargada foi proferida em plena e estrita consonância com a jurisprudência atual, notória e iterativa desta Corte Superior. Assim, quanto à impossibilidade de exigência do saldamento do REG/REPLAN para migração a um novo plano de complementação de aposentadoria como condição para a adesão a um novo plano de cargos e salários e quanto à manutenção das vantagens dos dois planos, estão superados os arestos transcritos nas razões de embargos, nos termos do art. 894, § 2º, da CLT .

Igualmente, não se há de falar em contrariedade à Súmula nº 51, II, do TST , pois, como visto, a opção do empregado por um dos regulamentos tem efeito jurídico de renúncia às regras do sistema do outro.

Por fim, mister registrar que a pacificação do entendimento por esta Corte Superior implica a análise do tema à luz de toda a legislação vigente e leva em consideração, ainda, a sua própria jurisprudência e a do STF, o que torna impossível a configuração de contrariedade a súmula ou orientação jurisprudencial do TST ou súmula vinculante do STF, conforme requer o art. 894, II, da CLT.

Ante o exposto, nos termos do artigo 2º, § 2º, da Instrução Normativa nº 35/2012 do TST, não admito o recurso de embargos, pois ausentes os pressupostos do artigo 894, II, da CLT. (Destaquei)

A Agravante sustenta a possibilidade de conhecimento dos Embargos, no tocante à invalidade da cláusula do regulamento interno e à decorrente indenização por dano moral. Argumenta não ter havido previsão em ajuste coletivo para a vedação de acesso ao Plano de Funções Gratificadas pelos empregados que se mantiveram vinculados ao REG/REPLAN não saldado. Alega tratar-se de determinação unilateral da empregadora. Sustenta terem sido impedidos de participar de processo seletivo interno. Reitera a indicação de arestos para o confronto de teses, de ofensa aos artigos 5º, *caput*, e 7º, XXVI, da Constituição da República e de contrariedade à Súmula nº 51, II, do TST.

A indicação de ofensa a dispositivo de lei federal e da Constituição da República não se enquadra entre as hipóteses de admissibilidade dos Embargos, previstas no artigo 894, II, da CLT.

Não obstante, cumpre assinalar que a fundamentação do acórdão embargado não se amparou o resultado do julgamento na previsão em norma coletiva, ou em legitimação mediante negociações coletivas. A argumentação recursal se mostra impertinente nesse aspecto particular.

No tocante à pretensão de **reparação por dano moral**, decorrente da alegada vedação de acesso aos processos seletivos internos, a **ausência de tese explícita** no acórdão embargado, inclusive no exame dos Embargos de Declaração, impede aferir a divergência jurisprudencial.

Sobre a **validade da cláusula** que exigia a migração para o novo plano de benefícios, como **requisito para acesso ao Plano de Funções Gratificadas**, conforme a decisão agravada, ao reputarem inválida a imposição de restrição dos empregados à progressão funcional e ascensão profissional, "os arestos paradigmas estão em consonância com a decisão recorrida" (destaquei), nem se configura contrariedade à Súmula nº 51, II, do TST.

O acórdão embargado se pautou pela garantia de ampla liberdade de escolha diante dos regulamentos coexistentes.

Em relação ao empregado que eventualmente optou por não migrar, concluiu ser "preciso que lhe seja assegurada a manutenção de todas as cláusulas próprias do plano anterior" (fl. 522).

Ao dar provimento parcial ao Recurso de Revista da Reclamada, a C. 7ª Turma condicionou, expressamente, a declaração de "validade da renúncia à jornada de seis horas reconhecida judicialmente, para o cargo do plano anterior, <u>desde que se assegure aos empregados que escolham não migrar o direito a todas as vantagens previstas no PCC/98, inclusive a possibilidade regular de ascensão profissional</u>" (fl. 523).

E ao dar provimento aos Embargos de Declaração do Reclamante, com efeito modificativo, acrescentou ao "dispositivo da decisão a condenação da reclamada ao <u>pagamento das vantagens previstas no PCC/98, inclusive a possibilidade regular de ascensão profissional</u>, atingindo parcelas vencidas e vincendas, observando a prescrição quinquenal parcial, conforme se apurar em liquidação de sentença" (fl. 548).

Afastada a contrariedade e o dissenso pretoriano, ausentes os requisitos intrínsecos previstos no artigo 894, II, da CLT.

Nesses termos, **nego provimento** ao Agravo Regimental.

ISTO POSTO

ACORDAM os Ministros da Subseção I Especializada em Dissídios Individuais do Tribunal Superior do Trabalho, por unanimidade, negar provimento ao Agravo Regimental.

Brasília, 21 de novembro de 2019.

<u>Firmado por assinatura digital (MP 2.200-2/2001)</u>

Maria Cristina Irigoyen Peduzzi

Ministra Relatora

Outro dado bastante semelhante é a percepção dos empregados de ambos os setores (empregados de empresas públicas e do setor privado) de que o momento mais adequado para se demandar judicialmente contra a empresa é após o término do contrato de trabalho, vejamos:

Entrevistados que consideram momento posterior ao término do contrato de trabalho para demandar contra o ex-empregador	
Setor público	Setor privado
78%	68%

A percepção de deslealdade por parte daqueles que ajuízam ação contra o atual empregador também é semelhante entre os grupos de empregados públicos e privados, indicando um padrão cultural na sociedade nesse sentido.

Percepção de deslealdade no ajuizamento de ação trabalhista contra o atual empregador	
Setor público	Setor privado
21%	11%

As retaliações direcionadas aos empregados que demandam judicialmente contra empresas públicas e sociedades de economia mista, como o exemplo alhures da Caixa Econômica Federal visto no capítulo anterior (caso do empregado retaliado com destituição da função comissionada e proibição de realizar horas extras, logo após ter ajuizado reclamação trabalhista contra aquela instituição financeira), apresentam-se de modo diverso aos dos casos verificados no setor privado.

Neste último, em sua maioria, como visto nos casos paradigmas do capítulo anterior, acontecem em maior parte com demissões logo após o ajuizamento da ação.

No caso dos empregados públicos observam-se retaliações de espécie distinta da observada contra os empregados do setor privado, uma vez que a dispensa dos empregados públicos ainda que não configurada como ato de retaliação, deve sempre ser motivada, conforme decisão de repercussão geral proferida pelo Supremo Tribunal Federal (STF) no ano de 2013, por ocasião do julgamento do Recurso Extraordinário (RE) 589.998, segundo o qual (grifos nossos): "os servidores de empresas públicas e sociedades de economia mista, admitidos por concurso público, não gozam da estabilidade preconizada no art. 41 da CF, **mas sua dispensa deve ser sempre motivada**".

Cumpre ressalvar, no entanto, que a abrangência dessa decisão foi restringida aos empregados dos Correios, estando o tema suspenso em relação aos demais empregados públicos, conforme resultado de embargos declaratórios em sede do RE ora em comento.

Nesse passo, observa-se a incidência de práticas retaliativas de formas diversas, a exemplo da estagnação da carreira do empregado público que é boicotado em seleções internas com critérios subjetivos, ou ainda práticas de assédio moral como redução das atividades que lhe são repassadas, diminuindo a percepção da sua relevância profissional.

Tais atitudes têm por objetivo desestimular que outros empregados que entendam ter algum direito a ser reclamado em juízo não o faça, do contrário estará sujeito a ser relegado à estagnação profissional e diminuição de sua importância perante os demais colegas. É este o recado que se pretende repassar, o que claramente está em conflito com o direito de ação e vedação da não discriminação.

Muitas empresas públicas e sociedades de economia mista possuem planos de cargos e funções a permitir o encarreiramento e ascensão profissional de seus empregados, incluindo programas de seleções internas.

Ocorre que, por vezes, em algum momento do processo seletivo interno, ainda que adote critérios objetivos, em dado momento lançam mão de critérios também subjetivos.

Nessas circunstâncias, é possível a exclusão do processo seletivo daqueles que possuem demanda judicial contra a empresa, sem que a justificativa apresentada evidencie a prática retaliativa.

Diante de tal cenário, torna-se difícil a caracterização da violação à garantia de indenidade, sendo nesses casos importante uma atuação mais efetiva das entidades sindicais no acompanhamento da trajetória profissional daqueles empregados litigantes, além de cobrar dessas empresas a melhoria de sua política de gestão de pessoas, evitando a incidência de práticas que justifiquem demandas judiciais, abstendo-se de retaliar aqueles que decidem pela via judicial para a efetivação de determinado direito.

As causas para essa prática desleal retaliativa aos empregados que pleiteiam judicialmente direitos em face de seu empregador, pode ser compreendido sob um aspecto cultural presente no ambiente corporativo, o que inclui as empresas estatais, o qual se vale de um senso comum que considera aquele que litiga contra seu empregador como sendo alguém ingrato, incidente em gesto de traição contra aquele que é o responsável por assegurar-lhe uma renda.

Essa visão acaba por estabelecer uma verdadeira disputa entre empregador e empregado, deixando de lado a oportunidade de se proporcionar um ambiente de trabalho com processos de gestão de pessoas mais justos, vez que a demanda judicial é resultado de um conflito que evidentemente ocasiona prejuízo ao clima laboral.

Por outro lado, a interpretação do empregador da atitude em se demandar judicialmente poderia ser positiva, como algo colaborativo no sentido de apresentar uma oportunidade de se melhorar os processos internos, fazendo-o debruçar-se sobre os fatos que levaram ao conflito judicial, mitigando-os e com isso proporcionando sensação mais positiva no ambiente de trabalho, podendo ter por resultado maior eficiência e eficácia para a empresa.

5. ENFRENTAMENTO - POSSÍVEIS SOLUÇÕES

Uma das mais conhecidas soluções apontadas para conferir maior segurança aos empregados que litigam na Justiça do Trabalho contra seus empregadores ainda na vigência do contrato de trabalho é a substituição processual, com o objetivo de despersonalizar o trabalhador, figurando como reclamante o sindicato da categoria ou mesmo o Ministério Público do Trabalho.

Contudo, tal mecanismo apenas seria capaz de postergar a identificação do postulante, vez que no momento da liquidação da sentença deverá ser identificado.

Alternativa distinta seria dar maior efetividade à garantia de indenidade, consolidando e positivando tal instituto de forma expressa.

Conforme escreveu o já mencionado professor Augusto César Leite de Carvalho[24]: "a garantia de indenidade nasceu na Espanha e se difundiu por toda a Europa, a permitir que o empregado ajuíze ação trabalhista sem o temor de

---
[24] CARVALHO, Augusto César Leite de. Garantia de indenidade no Brasil: o livre exercício do direito fundamental de ação sem o temor de represália patronal. São Paulo: Ltr, 2013

ser despedido, como represália".

Apenas para ilustrar com um exemplo, vejamos o seguinte trecho da obra de Eduardo Almeida[25]:

> Na Espanha, o Estatuto dos Trabalhadores prevê dois tipos de invalidade das despedidas de empregados: a despedida nula e a despedida improcedente. A primeira está prevista no art. 55 do Estatuto; quando uma despedida é declarada nula, o empregador terá que readmitir imediatamente o trabalhador, pagando-lhe os salários deixados de perceber desde a despedida até a efetiva readmissão. Na despedida declarada improcedente, prevista no art. 56 do Estatuto, o empregador poderá optar entre a readmissão do trabalhador, com o pagamento dos salários no período de afastamento do trabalho ou o pagamento de uma indenização de 45 dias de salário por cada ano de trabalho e mais a soma dos salários deixados de perceber desde a data da despedida, até a notificação da sentença que declare a improcedência ou até que o trabalhador tenha arranjado outro emprego, neste caso se a nova colocação for anterior à sentença.

Nesse sentido a legislação poderia tipificar

---

[25] ALMEIDA, Eduardo Sérgio de. Garantia de indenidade do reclamante empregado, frente a represálias patronais, em face do Direito brasileiro. Revista Jus Navigandi, ISSN 1518-4862, Teresina, ano 12, n. 1463, 4 jul. 2007. Disponível em: <https://jus.com.br/artigos/10095>. Acesso em: 6 maio 2018.)

a conduta da despedida em decorrência da retaliação por ajuizamento de ação contra o empregador, estipulando as penalidades as quais se sujeita o empregador faltoso.

Além disso, a adoção da Convenção n. 158 da OIT, poderia favorecer o princípio da continuidade da relação de emprego ao vedar a demissão sem justa causa, vejamos:

> Art. 4 — Não se dará término à relação de trabalho de um trabalhador a menos que exista para isso uma causa justificada relacionada com sua capacidade ou seu comportamento ou baseada nas necessidades de funcionamento da empresa, estabelecimento ou serviço.
> Art. 5 — Entre os motivos que não constituirão causa justificada para o término da relação de trabalho constam os seguintes:
> a) a filiação a um sindicato ou a participação em atividades sindicais fora das horas de trabalho ou, com o consentimento do empregador, durante as horas de trabalho;
> b) ser candidato a representante dos trabalhadores ou atuar ou ter atuado nessa qualidade;
> c) apresentar uma queixa ou participar de um procedimento estabelecido contra um empregador por supostas violações de leis ou regulamentos, ou recorrer perante as autoridades administrativas competentes;
> d) a raça, a cor, o sexo, o estado civil, as responsabilidades familiares, a

> gravidez, a religião, as opiniões políticas, ascendência nacional ou a origem social;
>
> e) a ausência do trabalho durante a licença-maternidade.

Nesse passo, seria conveniente que a legislação brasileira fosse modificada para prever a garantia de indenidade, passando a tipificar como crime na Lei 9.029/95 a prática retaliativa ao empregado que mova ação trabalhista contra o empregado, bem a CLT passasse a prever expressamente a vedação da despedida sem justa causa.

Apenas a título sugestivo apresentamos as seguintes redações, respectivamente para a Lei 9.029 e para o artigo 482 da CLT.

Lei 9.029/95: acrescentar o inciso IV ao artigo 2º, conforme destacado:

> Art. 2º Constituem crime as seguintes práticas discriminatórias:
>
> I - a exigência de teste, exame, perícia, laudo, atestado, declaração ou qualquer outro procedimento relativo à esterilização ou a estado de gravidez;
>
> II - a adoção de quaisquer medidas, de iniciativa do empregador, que configurem;

a) indução ou instigamento à esterilização genética;

b) promoção do controle de natalidade, assim não considerado o oferecimento de serviços e de aconselhamento ou planejamento familiar, realizados através de instituições públicas ou privadas, submetidas às normas do Sistema Único de Saúde (SUS).

Pena: detenção de um a dois anos e multa.

Parágrafo único. São sujeitos ativos dos crimes a que se refere este artigo:

I - a pessoa física empregadora;

II - o representante legal do empregador, como definido na legislação trabalhista;

III - o dirigente, direto ou por delegação, de órgãos públicos e entidades das administrações públicas direta, indireta e fundacional de qualquer dos Poderes da União, dos Estados, do Distrito Federal e dos Municípios.

IV – a despedida ou qualquer ato retaliatório contra empregado que tenha ajuizado ação judicial em desfavor do empregador.

O *caput* do artigo 482 da CLT passaria à seguinte redação (em destaque):

Art. 482 – Não se dará término à relação de emprego, exceto se configurada justa causa, assim consideradas as hipótese seguintes:

a) ato de improbidade;

b) incontinência de conduta ou mau procedimento;

c) negociação habitual por conta própria ou alheia sem permissão do empregador, e quando constituir ato de concorrência à empresa para a qual trabalha o empregado, ou for prejudicial ao serviço;

d) condenação criminal do empregado, passada em julgado, caso não tenha havido suspensão da execução da pena;

e) desídia no desempenho das respectivas funções;

f) embriaguez habitual ou em serviço;

g) violação de segredo da empresa;

h) ato de indisciplina ou de insubordinação;

i) abandono de emprego;

j) ato lesivo da honra ou da boa fama praticado no serviço contra qualquer pessoa, ou ofensas físicas, nas mesmas condições, salvo em caso de legítima defesa, própria ou de outrem;

k) ato lesivo da honra ou da boa fama ou ofensas físicas praticadas contra o empregador e superiores hierárquicos, salvo em caso de legítima defesa, própria ou de outrem;

l) prática constante de jogos de azar.

m) perda da habilitação ou dos requisitos estabelecidos em lei para o exercício da profissão, em decorrência de conduta dolosa do empregado.

Parágrafo único - Constitui igualmente justa causa para dispensa de

> empregado a prática, devidamente comprovada em inquérito administrativo, de atos atentatórios à segurança nacional.

Há de se falar, ainda, em uma efetiva fiscalização por parte dos órgãos oficiais do trabalho, bem como pelos sindicatos.

Contudo, como é notório, nem todas as categorias profissionais possuem um sindicato efetivamente bem estruturado e ativo a desempenhar a contento tal tarefa.

Como melhor solução e talvez a mais difícil, é a de mudança cultural capaz de conferir postura mais preocupada com os valores sociais do trabalho e da livre iniciativa a qual a Constituição Federal faz referência logo em seu artigo 1º ao mencionar os fundamentos da República.

Desta senda, a sensação de "traição" que atualmente o empregador tem em relação ao empregado litigante, deveria ser interpretada como uma colaboração para a melhoria do clima organizacional capaz de proporcionar a identificação dos aspectos em que a empresa carece de melhorias.

CONCLUSÃO

Grande parte dos reclamantes junto à Justiça do Trabalho somente costuma fazê-lo após o encerramento do contrato de trabalho, pois temem que sua atitude lhe proporcione perseguições, retaliações em seu ambiente de trabalho.

A pesquisa empreendida demonstrou o que o senso comum percebe com certa obviedade, as respostas obtidas vieram a dar consistência à essa percepção.

As respostas a uma das perguntas do questionário empregado na elaboração deste trabalho confirma que de fato a grande maioria dos empregados aguarda o término da relação empregatícia para então reclamar eventuais direitos desrespeitados durante a execução do contrato de trabalho.

Em que pese a garantia de indenidade possibilitar ao empregado exercer o seu direito de ação sem que sofra represálias, não são raros os casos em que isso ocorre.

A legislação veda qualquer conduta retaliativa e discriminatória contra os empregados em geral, o que abrange as retaliações e punições pelo fato de o empregado pleitear judicialmente um direito.

Tal vedação fundamenta-se pelo direito ao acesso à justiça, direito consagrado constitucionalmente, bem como em convenções internacionais.

Ocorre que o combate a tais atos atentatórios ao direito de livre acesso à justiça encontra dificuldades quando os atos retaliativos são realizados de forma velada, especialmente nas empresas estatais onde as demissões devem ser acompanhadas de motivação.

As retaliações veladas se apresentam em forma de assédio moral e com a estagnação forçada da carreira do empregado, em face de critérios subjetivos de ascensão profissional, por exemplo.

As respostas aos questionários aplicados para a elaboração deste trabalho confirmam que o temor de retaliações é fator determinante para o não ajuizamento de uma ação trabalhista ainda durante a vigência do contrato de trabalho.

Confirma, ainda, que há retaliações no mínimo veladas, vez que nenhum dos respondentes que ajuizaram reclamação trabalhista receberam alguma promoção.

Observou-se, ainda, que quando o empregado tem maior percepção de segurança em relação a proteção contra a retaliação por demissão, casos dos empregados públicos, o exercício do direito de ação contra o empregador é mais significativo. Isso porque no caso dos empregados públicos vige o entendimento do Supremo Tribunal Federal (STF) de que a dispensa do empregado público deve ser acompanha de justo motivo.

Dentre as causas desse comportamento ilícito dos gestores e empregadores, está um fator cultural que é o de considerar o empregado litigante como um "traidor" da empresa.

A pesquisa também revelou um percentual elevado, dentre os entrevistados, em ambos os setores (privado e empregados públicos) que consideram o ajuizamento de uma ação contra o seu atual empregador um ato de traição.

O fato de grande parte dos entrevistados terem respondido que o melhor momento para o ajuizamento de uma ação trabalhista, é após o término da relação de emprego, associado ao fato de que nenhum dos entrevistados que possuem ação contra o atual empregador não ter mais sido promovido na empresa, parece tornar tal prática algo natural, tolerado na sociedade.

Já as possíveis soluções passam pela substituição processual, a permitir a identificação do empregado apenas por ocasião da liquidação da sentença, ou ainda pela efetivação da garantia de indenidade (o direito de o trabalhador demandar contra o empregado sem ser retaliado), presente na legislação brasileira de forma esparsa.

Nesse sentido, propõe-se a inclusão na Lei 9.029/95 a tipificação criminal da conduta de se retaliar o empregado que move ação judicial contra o empregador, bem como vedar, por meio de alteração do *caput* do artigo 482 da CLT a despedida sem justa causa.

Proposta de projeto de lei encontra-se no apêndice a esta obra.

REFERÊNCIAS

ALMEIDA, Eduardo Sérgio de. **Garantia de indenidade do reclamante empregado, frente a represálias patronais, em face do Direito brasileiro. Revista Jus Navigandi**, ISSN 1518-4862, Teresina, ano 12, n. 1463, 4 jul. 2007. Disponível em: <https://jus.com.br/artigos/10095>. Acesso em: 6 maio 2018.)

BARROS, Alice Monteiro de. **Curso de Direito do Trabalho**. 2. ed. São Paulo: LTr, 2006.

BARROS, Alice Monteiro de. **Curso de Direito do Trabalho**. 6. ed. São Paulo: LTr, 2010.

BRASIL. Constituição (1988). **Constituição da República Federativa do Brasil**. Disponível em http://www.planalto.gov.br/ccivil_03/constituicao/constitui%C3%A7ao.htm. Acesso em 17 de junho de 2018.

CAPPELLETTI, Mauro; GARTH, Bryant. **Acesso à justiça**. Tradução de Ellen Gracie Northfleet. Porto Alegre: Sérgio A. Fabris, Editor, 1988.

CARVALHO, Augusto César Leite de. **Garantia de indenidade no Brasil: o livre exercício do direito fundamental de ação sem o temor de represália patronal**. São Paulo: Ltr, 2013

CAVALCANTE, Jouberto de Quadros Pessoa; JORGE NETO, Francisco Ferreira. **Manual de Direito do Trabalho**. Rio de Janeiro: Lumen Juris, 2003.

CIDH. Comissão Interamericana de Direitos Humanos. Convenção Americana Sobre Direitos Humanos. Disponível em https://www.cidh.oas.org/basicos/portugues/c.convencao_americana.htm. Acesso em 23/06/2018.

DELGADO, Mauricio Godinho. **Curso de direito do trabalho.** 13. ed. São Paulo, LTR, 2013.

DELGADO, Maurício Godinho. **Curso de Direito do Trabalho.** São Paulo: LTr, 2012.

FUX, Luiz. BODART, Bruno. **Processo Civil e Análise Econômica. Forense**, 2019.

GAGLIANO, Pablo Stolze; PAMPLONA FILHO, Rodolfo. **Novo curso de Direito Civil. Volume 1 – Parte geral.** 7. Ed. São Paulo: Saraiva, 2006.

HUNT, Lynn. **A invenção dos direitos humanos; uma história** / Lynn Hunt; tradução Rosaura Eichenberg. – São Paulo: Companhia das Letras, 2009.

KELSEN, Hans. **O problema da justiça.** 3. ed. São Paulo: Martins Fontes, 1998.

KELSEN, Hans. **O que é justiça?** : a justiça, o direito e a política no espelho da ciência / Hans Kelsen; tradução Luís Carlos Borges. – 3ª ed. – São Paulo: Martins Fontes, 2001.

MACHADO, Costa; ZAINAGHI, Domingos Sávio. **CLT interpretada: artigo por artigo, parágrafo por parágrafo.** Barueri SP: Manole, 2017. Vário autores.

MARTINS, Sérgio Pinto. **Direito do Trabalho**. 22. ed. São Paulo: Atlas, 2006.

MICHAUD, Yves. **A Violência**. São Paulo: Ática Editora, 1989.

MORAES, Alexandre de. **Direito constitucional**. 33 ed. ver e atual. Até a EC. 95; São Paulo: Atlas, 2017.

OLEA, Manoel Alonso. **Introdução ao Direito do Trabalho**. 4.ed. São Paulo: LTr, 1984.

SARAIVA, Renato; MANFREDINI, Aryanna. **Curso de Direito Processual do Trabalho**. 11 ed. ver. E atual. – Rio de Janeiro. Rio de Janeiro: Forense; São Paulo; Método. 2014.

SILVA, José Afonso da. **Curso de Direito Constitucional Positivo**, 9ª Edição, São Paulo, Malheiros,1993, 3ª tir.

WATANABE, Kazuo et al. **Acesso à justiça e sociedade moderna**. São Paulo: Revista dos Tribunais, 1988.

WEBER, Max. **Ciência e política: duas vocações**. São Paulo: Cultrix, 1989.
____. Parlamento e governo na Alemanha reordenada: crítica da burocracia e da natureza dos partidos. Petrópolis, RJ: Vozes, 1993.

____. **A ética protestante e o espírito do capitalismo**. 10. ed. São Paulo: Pioneira, 1996.

APÊNDICES

SUGESTÃO DE PROJETO DE LEI......................114

JURISPRUDÊNCIAS..119

PROJETO DE LEI (SUGESTÃO)

> Dá nova redação ao artigo 2º da Lei 9.029 de 1995 e ao *caput* do artigo 482 da Consolidação das Leis do Trabalho (CLT), Decreto-Lei número 5452 de 1943.

O Congresso Nacional decreta:

Art. 1º. O artigo 2º da Lei 9.029/95 passar a ser acrescido do inciso IV, nos termos seguintes:

"Art. 2º Constituem crime as seguintes práticas discriminatórias:

(...)

IV) a despedida ou qualquer ato retaliatório contra empregado que tenha ajuizado ação judicial em desfavor do empregador."

Art. 2º O caput do artigo 482 do Decreto-Lei número 5452 de 1943, CLT, passa à seguinte redação:

"Art. 482. Não se dará término à relação de emprego, exceto se configurada justa causa, assim consideradas as hipótese seguintes:

(...)"

Art. 3º Esta lei entra em vigor na data da sua publicação.

1.1.1.1 JUSTIFICAÇÃO

De acordo com o senso comum a Justiça do Trabalho é conhecida como a justiça dos desempregados, uma vez que é notório que apenas após o término da relação empregatícia é que o ex-empregado sente-se "à vontade" para demandar o ex-empregador judicialmente.

Dito de outro modo, durante a vigência do contrato de trabalho, o empregado teme estar incorrendo em um ato de quebra de confiança, deixando assim de ser digno do emprego que ocupa.

O empregado enfrenta dificuldade de efetivação de direitos trabalhistas, pois estando ele empregado teme buscar a justiça contra seu empregador, evitando assim ser retaliado.

Conforme preceitos entabulados pela Consolidação das Leis do Trabalho (CLT), especialmente pelo contido no artigo 2º, não restam dúvidas de que o empregador detém o poder diretivo do empreendimento, estando o empregado subordinado aos poderes do empregador.

Tal poder confere ao empregador a prerrogativa de dispensar o subordinado, devendo apenas indenizá-lo na hipótese de despedida sem justa causa.

Apesar de a legislação trabalhista conferir esse poder ao empregador, também impõe limites à sua utilização, devendo cuidar para que não pratique ato que possa ser enquadrado como abuso de direito, discriminação ou assédio moral.

Ocorre que se tem observado casos em que o trabalhador após ajuizar ação trabalhista contra a empresa, ainda na vigência do contrato de trabalho, sofre retaliações, em alguns casos sendo dispensado pelo fato de ter ajuizado o processo.

Em que pese ser notório o fato de que a grande maioria dos empregados aguardarem o desligamento da empresa para então ajuizarem ação contra o ex-empregador, há casos em que ainda durante a vigência do contrato de trabalho o empregado busca assegurar direito seu junto à justiça, de modo que não são raros os caso em que são retaliados por esse fato.

Nos casos em que resta configurada a retaliação por parte do empregador, a justiça tem reconhecido a ilegalidade do ato e a configuração de dano moral.

Cuida-se do direito de indenidade, compreendido como o direito de o empregado demandar em juízo contra o empregador sem ser retaliado e provêm de interpretação legal, convenções internacionais e princípios.

Destarte, para que o empregado possa ver efetivado o seu direito de ação, sem que sofra quaisquer retaliações por parte do empregado, faz-se necessárias as alterações legislativas ora propostas.

JURISPRUDÊNCIAS DO TRIBUNAL SUPERIOR DO TRABALHO (TST)

A C Ó R D Ã O

7ª TURMA

VMF/lvl/ca

AGRAVO EM AGRAVO DE INSTRUMENTO EM RECURSO DE REVISTA - LEI Nº 13.015/2014 – CPC/1973 – NULIDADE DA DECISÃO AGRAVADA - AUSÊNCIA DE FUNDAMENTAÇÃO. Não se verifica afronta ao art. 489 do CPC/2015, pois, conforme destacado na decisão ora agravada, a fundamentação suficiente adotada para manter a decisão que obstaculizou o trânsito do recurso de revista guarda consonância com a natureza do recurso de agravo de instrumento no Processo do Trabalho, cuja finalidade é devolver à jurisdição extraordinária, mediante impugnação específica, o exame estrito da admissibilidade do recurso interposto. Precedentes. *In casu*, a decisão monocrática ora agravada está de acordo com o disposto no art. 932 do CPC/2015, aplicado subsidiariamente ao Processo do Trabalho, nos termos da Súmula nº 435 do TST.

ADICIONAL DE PERICULOSIDADE – CONSTRUÇÃO VERTICAL – ORIENTAÇÃO JURISPRUDENCIAL Nº 385 DA SBDI-1 DO TST. O reclamante trabalhava habitualmente na área da construção vertical em que era armazenado material inflamável, onde, de acordo com a Corte regional, o armazenamento foi feito de forma irregular. Na forma como posto, é devido o adicional de periculosidade, de acordo com a Orientação Jurisprudencial nº 385 da SBDI-1 do TST.

INDENIZAÇÃO POR DANOS MORAIS – DEMISSÃO POR JUSTA CAUSA – ATO DE IMPROBIDADE NÃO COMPROVADO – RETALIAÇÃO AO AJUIZAMENTO DE RECLAMAÇÃO TRABALHISTA - FUNDAMENTO NÃO IMPUGNADO - SÚMULA N 422 DO TST.

1. No caso, o Tribunal Regional manteve a sentença que julgou procedente o pedido de indenização por danos morais por dois fundamentos, a saber: dispensa por justa causa sem nenhum indício de prova de que o reclamante tenha agido com insubordinação; e aplicação pela reclamada de penalidade máxima ao trabalhador, desprovida de justificativa, poucos meses depois do ingresso da ação pelo reclamante, com o pedido de rescisão indireta do contrato de trabalho.

2. Todavia, nas razões do recurso de revista, o segundo fundamento não foi impugnado pela ora agravante.

3. Padece do vício de ausência de fundamentação, nos termos da Súmula nº 422 do TST, o recurso de revista que não combate específica e individualmente todos os fundamentos indicados na decisão que pretende reformar, por não observar o princípio da dialeticidade.

Agravo desprovido.

Vistos, relatados e discutidos estes autos de Agravo em Agravo de Instrumento em Recurso de Revista n **TST-Ag-AIRR-3039-05.2012.5.02.0066**, em que é Agravante **ICOMON TECNOLOGIA LTDA.** e Agravado **MARCOS FRANCISCO DE SOUSA**.

Trata-se de agravo interposto pela reclamada contra decisão monocrática por meio da qual se negou provimento ao seu agravo de instrumento.

Não foi apresentada contraminuta.

É o relatório.

V O T O

1 – CONHECIMENTO

Presentes os pressupostos legais de admissibilidade, **conheço** do agravo da reclamada.

2 – MÉRITO

2.1 - NULIDADE DA DECISÃO AGRAVADA - AUSÊNCIA DE FUNDAMENTAÇÃO

A reclamada sustenta que a decisão agravada, ao manter o despacho de admissibilidade por seus próprios fundamentos, incorreu em violação dos arts. 489, § 1º, do CPC/2015; 5º, II e LV, e 93, IX, da Constituição Federal.

Salienta que a adoção de tal mecanismo não tem respaldo legal específico, em nítida ofensa ao princípio da legalidade.

De fato, não se verifica afronta ao art. 489 do CPC/2015, pois, conforme destacado na decisão ora agravada, a fundamentação suficiente adotada para manter a decisão que obstaculizou o trânsito do recurso de revista guarda consonância com a natureza do recurso de agravo de instrumento no Processo do Trabalho, cuja finalidade é devolver à jurisdição extraordinária, mediante impugnação específica, o exame estrito da admissibilidade do recurso interposto.

No sentido de conferir validade à remissão aos fundamentos fático-jurídicos expostos na decisão recorrida é o posicionamento do STF, adotado por esta Corte: AI 791292/PE, Pleno com Repercussão Geral, Rel. Min. Gilmar Mendes, DJe de 13/8/2010; HC 69438/SP, 1ª Turma, Rel. Min. Celso de Mello, DJ de 24/11/2006; MS 27350/DF, Rel. Min. Celso de Mello, DJ de 4/6/2008; RE 172292/SP, 1ª Turma, Rel. Min. Moreira Alves, DJ de 10/8/2001; e Inq 2725/SP, 2ª Turma, Rel. Min. Teori Zavascki, DJe de 3/9/2015.

Na hipótese, negou-se provimento ao agravo de instrumento interposto pela reclamada, mantendo-se a decisão denegatória do recurso de revista por seus próprios fundamentos.

Dessa forma, a decisão monocrática, ora agravada, está de acordo com o disposto no art. 932 do CPC/2015, aplicado subsidiariamente ao Processo do Trabalho, nos termos da Súmula nº 435 do TST.

Nego provimento.

2.2 - ADICIONAL DE PERICULOSIDADE – CONSTRUÇÃO VERTICAL

Na decisão singular foi negado provimento ao agravo de instrumento da reclamada.

No agravo, a reclamada renova a alegação de violação do art. 193 da CLT, além de contrariedade à Súmula nº 364 do TST.

Sustenta que o acórdão regional "em nenhum momento afirmou que o Empregado transitava no local onde estavam fixados os tanques de combustível, cuja circunscrição delimitava a área de risco, mas apenas que laborava em edifício no qual havia se instalado tais recipientes".

O Tribunal Regional negou provimento ao recurso ordinário da reclamada, nos seguintes termos a fls. 345-346:

III - DO ADICIONAL DE PERICULOSIDADE.

Determinada a realização de perícia ambiental, a *expert* concluiu que o autor laborava em condições de periculosidade:

"O Reclamante, ativando-se nos referidos prédios desenvolveu suas atividades em área de risco devido a inflamáveis – Óleo Diesel (p.f. de 55ºC), caracterizando-se a periculosidade, de acordo com a legislação vigente.

Enquadra-se nas alíneas "b" e "f" do quadro de atividades/ adicional de 30%, do Anexo 2 da NR-16 da Portaria 3.214/78 fazendo jus, portanto ao adicional de periculosidade pleiteado, no período não prescrito" (fls. 153).

A reclamada impugnou o laudo, arguindo que a perita não mencionou a distância entre o local em que se ativava o trabalhador e o armazenamento de líquidos, afirmou que o texto da NR é abstrato e incerto, não gerando segurança jurídica, que a área de risco deve limitar-se à área interna do tanque, que o óleo diesel é combustível, não inflamável, bem como que é necessário o armazenamento em recinto fechado para configurar risco (fls. 159/162).

Em resposta, **a perita informou que o reclamante ativava-se em prédio em cujo interior há armazenamento de 1.000 litros de óleo diesel, quantidade muito superior ao permitido pela lei, desrespeitando, pois, os itens 20.2.7 e 20.2.13 da NR-20 da Portaria nº 3.214/78, o que já tinha sido reconhecido pela OJ 385 da SBDI-1 do C. TST.** Esclareceu que as atividades em si do autor não eram perigosas , **mas que este atuava em área de risco, pois é considerada toda a área do recinto** . Ainda, explicou que o óleo diesel tem ponto de fulgor de 55ºC, inferior a 70º, enquadrando-se, assim, como inflamável, nos termos da NR-20, subitem 20.2.1 (fls. 165/167).

Assim, não havendo elementos a desconsiderar o trabalho técnico realizado pela perita do juízo, há que se manter a condenação no pagamento do adicional de periculosidade, no importe de 30% do salário base, com reflexos em 13° salários, férias com 1/3, aviso prévio e FGTS, com a multa de 40%, diante da habitualidade e da natureza salarial da verba.

Nego provimento. (g.n.)

Consoante o disposto no art. 193 da CLT, o adicional de periculosidade é devido aos empregados que desenvolvem sua atividade laboral em área de risco acentuado.

O entendimento desta Corte, consolidado por meio da Orientação Jurisprudencial n° 385 do TST, é no sentido de que todos os empregados que laboram na estrutura onde se armazena grande quantidade de combustível fazem jus ao recebimento do adicional de periculosidade.

Isso porque uma eventual explosão coloca em risco não só os empregados que trabalham diretamente na área do tanque de combustível, mas também os trabalhadores de toda a construção e de outros andares, que ficam sujeitos ao impacto do eventual acidente na estrutura do prédio.

Por conseguinte, deve ser considerada área de risco toda a área da construção, e não apenas o local específico de armazenagem do combustível.

Acrescente-se que a sujeição do empregado a risco intermitente – regular e habitual contato com o agente nocivo, mesmo que somente em parte da jornada de trabalho - dá direito ao recebimento do adicional de periculosidade. Assim, desde que não haja exposição por tempo extremamente reduzido ou contato eventual (casual ou fortuito) com o material periculoso, há potencial risco de dano efetivo ao trabalhador, passível de compensação financeira.

Se as atividades laborais regulares do autor exigem, ainda que descontinuamente, a exposição ao risco, está presente o requisito da habitualidade. Nesse exato sentido é a Súmula nº 364 do TST.

No caso, que se extrai do acórdão regional, o reclamante trabalhava habitualmente em área de risco de inflamáveis, pois laborava na área da construção vertical em que era armazenado material inflamável.

Por todo o exposto, é devido o adicional de periculosidade.

Nego provimento.

2.3 - INDENIZAÇÃO POR DANOS MORAIS – DEMISSÃO POR JUSTA CAUSA – ATO DE IMPROBIDADE NÃO COMPROVADO –RETALIAÇÃO AO AJUIZAMENTO DE RECLAMAÇÃO TRABALHISTA

Na decisão singular foi negado provimento ao agravo de instrumento da reclamada.

No agravo, a reclamada renova a alegação de violação dos arts. 5º, II, 7º, XXVIII, da Constituição Federal, 818 da CLT, 186 do Código Civil e 333 do CPC/1973. Colaciona arestos.

Sustenta que "o afastamento da justa causa em razão da alegada ausência de comprovação de mau procedimento cometido pelo empregado não enseja o reconhecimento de indenização por dano moral. Revela-se necessária a comprovação de que o empregador, de alguma forma, violou a honra do empregado, dando publicidade aos fatos supostamente caracterizadores da justa causa ou, a pretexto da demissão por justa causa, imputou uma acusação leviana ao obreiro".

Salienta que "apenas exerceu um direito, albergado pela lei de despedir por justa causa em razão de um fato, ao menos em tese, caracterizador de grave infração disciplinar, qual seja o mau procedimento. Desse modo, ainda que não tenha comprovado o ato faltoso do empregado, o que se aceita para argumentar, a empregadora não cometeu qualquer ato ilícito".

O Tribunal Regional negou provimento ao recurso ordinário da reclamada, nos seguintes termos, a fls. 346-347:

V - DA INDENIZAÇÃO POR DANOS MORAIS.

A ré não respeitou os deveres de probidade, boa-fé (art. 422 do Código Civil) e da função social do contrato (Código Civil), que devem estar presentes também no contrato de trabalho, **ofendendo o empregado com a dispensa por justa causa sem qualquer indício de prova de que tenha agido com insubordinação, sendo que a dispensa sequer foi capitulada corretamente no art. 482 da CLT.**

Ainda, **não se afigura como coincidência o fato de que a ré aplicou uma penalidade máxima ao trabalhador, desprovida de justificativa, poucos meses depois do ingresso da ação pelo reclamante, com o pedido de rescisão indireta do contrato de trabalho.**

Quanto à fixação do valor da indenização, no importe de R$ 10.000,00, entendo que este guardou proporcionalidade e razoabilidade em relação ao dano cometido.

Mantenho a decisão no particular. (g.n.)

Da leitura dos trechos transcritos, verifica-se que o Tribunal Regional manteve a sentença que julgou procedente o pedido de indenização por danos morais por dois fundamentos, a saber: dispensa por justa causa sem qualquer indício de prova de que o reclamante tenha agido com insubordinação, com capitulação errônea no art. 482 da CLT; e aplicação pela reclamada de penalidade máxima ao trabalhador, desprovida de justificativa, poucos meses depois do ingresso da ação pelo reclamante, com o pedido de rescisão indireta do contrato de trabalho.

Verifica-se, todavia, que, nas razões do recurso de revista, o segundo fundamento não foi impugnado pela ora agravante.

Ressalte-se que, em atendimento ao princípio da dialeticidade, para o êxito do recurso apresentado, a parte deve atacar específica e individualmente todos os fundamentos indicados na decisão que pretende reformar.

É inadmissível a insurgência extraordinária quando a decisão recorrida assenta-se em determinado fundamento suficiente para sustentá-la e o recurso não o abrange.

Por conseguinte, o recurso de revista padece do vício processual de ausência de fundamentação neste ponto, nos termos da Súmula nº 422 do TST.

Ante o exposto, **nego provimento** ao agravo.

ISTO POSTO

ACORDAM os Ministros da 7ª Turma do Tribunal Superior do Trabalho, por unanimidade, conhecer do agravo e, no mérito, negar-lhe provimento.

Brasília, 17 de dezembro de 2019.

Firmado por assinatura digital (MP 2.200-2/2001)

Ministro Vieira de Mello Filho

Relator

A C Ó R D Ã O

(8ª Turma)

GMMCP/caam/rt

AGRAVO DE INSTRUMENTO EM RECURSO DE REVISTA INTERPOSTO SOB A ÉGIDE DA LEI N° 13.015/2014 E DO NCPC – PRELIMINAR DE NULIDADE POR NEGATIVA DE PRESTAÇÃO JURISDICIONAL

Não há falar em negativa de prestação jurisdicional, porquanto as questões suscitadas pela Reclamada foram analisadas pelo Colegiado *a quo*, mas em sentido contrário à sua pretensão. Todavia, o mérito desfavorável, por si só, não pressupõe falta de fundamentação na decisão regional nem enseja a nulidade pretendida.

INTERVALO INTRAJORNADA - CONCESSÃO PARCIAL - PAGAMENTO TOTAL DO PERÍODO CORRESPONDENTE

A não concessão ou a concessão parcial do intervalo intrajornada para repouso e alimentação, após a edição da Lei n° 8.923/94, implica pagamento total do período correspondente, e, não, apenas, do suprimido, com acréscimo de, no mínimo, 50% (cinquenta por cento) sobre o valor da remuneração da hora normal de trabalho. Inteligência da Súmula n° 437, item I, do TST.

INTERVALO INTERJORNADAS

Nos termos da jurisprudência desta Eg. Corte, o desrespeito ao intervalo mínimo interjornadas previsto no artigo 66 da CLT acarreta, por analogia, os efeitos previstos no § 4° do artigo 71 da CLT, devendo-se pagar a integralidade do tempo subtraído do intervalo, acrescido do respectivo adicional. Orientação Jurisprudencial nº 355 da SBDI-1 .

RESPONSABILIDADE CIVIL POR DANO MORAL – DISPENSA –RETALIAÇÃO

As premissas fáticas consignadas no acórdão regional são inalteráveis nesta Eg. Corte, a teor da Súmula nº 126.

INDENIZAÇÃO POR DANO MORAL – VALOR – DISPENSA RETALIATÓRIA

O Eg. TRT, ao fixar o *quantum* indenizatório, pautou-se pelo princípio da razoabilidade, com observância dos critérios de justiça e equidade, não se justificando a excepcional intervenção desta Corte Superior.

DANO MATERIAL – *QUANTUM* INDENIZATÓRIO

O valor da indenização por danos materiais deve considerar o grau de perda da capacidade para o trabalho, além de ser proporcional à importância da concausalidade registrada.

DOENÇA OCUPACIONAL – FGTS

A matéria tal como posta pela Reclamada carece do devido prequestionamento, a teor da Súmula nº 297 do TST.

HORAS EXTRAS – COMPENSAÇÃO - INOBSERVÂNCIA DO REQUISITO DO ART. 896, § 1º-A, I, DA CLT

Nos termos da jurisprudência do Eg. TST, a transcrição integral do acórdão regional ou do capítulo impugnado, sem o destaque da tese jurídica controvertida, não atende ao requisito do art. 896, § 1º-A, I, da CLT.

TRABALHO EM DOMINGOS E FERIADOS

O escopo do repouso semanal remunerado é a proteção da integridade física e mental do trabalhador. O artigo 7º, inciso XV, da Constituição da República é norma de ordem pública. A concessão do descanso hebdomadário além do período estabelecido em lei não pode ser objeto de negociação coletiva, pois trata-se de direito indisponível. Julgados.

INDENIZAÇÃO POR DANO MORAL – VALOR – DOENÇA OCUPACIONAL

Vislumbrada violação ao artigo 944 do Código Civil, dá-se provimento ao Agravo de Instrumento para determinar o processamento do Recurso de Revista.

Agravo de Instrumento parcialmente conhecido e provido.

II – RECURSO DE REVISTA INTERPOSTO SOB A ÉGIDE DA LEI Nº 13.015/2014 E DO NCPC - INDENIZAÇÃO POR DANO MORAL – VALOR –DOENÇA OCUPACIONAL

Consideradas as peculiaridades do caso concreto, o valor arbitrado a título de indenização por dano moral mostra-se excessivo, comportando redução.

Recurso de Revista conhecido e provido.

Vistos, relatados e discutidos estes autos de Recurso de Revista com Agravo n° **TST-ARR-702-27.2014.5.09.0018**, em que é Agravante e Recorrente **RUMO MALHA SUL S.A.** e Agravado e Recorrido **DERLI TEODORO DE OLIVEIRA**.

A Reclamada interpõe Agravo de Instrumento (fls. 1.019/1.031) ao despacho de fls. 1.003/1.017, que negou seguimento ao Recurso de Revista de fls. 937/959.

Contrarrazões e contraminuta, às fls. 1.071/1.093 e 1.094/1.116, respectivamente.

O D. Ministério Público do Trabalho não foi ouvido, nos termos regimentais.

É o relatório.

V O T O

I – AGRAVO DE INSTRUMENTO

1 - CONHECIMENTO

Conheço do Agravo de Instrumento, porque preenchidos os requisitos extrínsecos de admissibilidade.

2 - MÉRITO

PRELIMINAR DE NULIDADE DO ACÓRDÃO REGIONAL POR NEGATIVA DE PRESTAÇÃO JURISDICIONAL

No Recurso de Revista, a Reclamada suscitou preliminar de nulidade por negativa de prestação jurisdicional. Alegou que o Eg. TRT, a despeito de ter sido instado pela oposição de Embargos de Declaração, "não se pronunciou se é proporcional, à luz do art. 50, V, CF e do art. 944, CCB, à luz do art. 50, inc. V da CF e art. 944 do CCB, a condenação em indenização por danos morais por dispensa retaliativa em R$ 20.000,00, o mesmo correndo com a indenização de R$ 20.000,00 em razão da doença supostamente ocupacional e também não houve manifestação acerca da condenação ao pagamento de R$ 10.000,00 a título de indenização por danos materiais sem que haja a compensação com os valores recebidos pela Previdência Social (INSS), não viola o art. 50, V da CF/88 e art. 944 do CC, tendo em vista os princípios da proporcionalidade e razoabilidade" e "deixou de se pronunciar se o auxílio-doença suspende o contrato de trabalho e, assim sendo, consoante o disposto nos artigos 476 da CLT, 22 e 28, § 90, alíneas 'a' e 'h', da Lei 8.212/91, é indevido o pagamento de diferenças de FGTS ou Contribuições Sociais no período em que o segurado estava em gozo de auxílio-doença previdenciário e, ainda, se pelo art. 28 do Decreto 99.684/90 há obrigatoriedade de recolhimento do FGTS em caso de percepção de 940 auxílio-doença comum, vez que é este o benefício percebido pelo reclamante" (fls. 940/941). Invocou os arts. 93, IX, da Constituição da República, 832 da CLT e 489 do NCPC.

Reitera as razões no Agravo de Instrumento.

Preenchidos os requisitos do artigo 896, § 1º-A, da CLT, a preliminar de nulidade será examinada à luz da Súmula nº 459 do TST.

O Eg. TRT consignou que " diversamente do sustentado pelo embargante, para a fixação da indenização por danos morais, foram consideradas a extensão do dano, bem como a culpabilidade da reclamada. Já no caso dos danos materiais, foi considerado o percentual a redução da capacidade laboral do obreiro, conforme destacado. No que se refere ao FGTS, não houve a reforma pretendida da verba principal e tampouco deferimento de indenização pelo período de afastamento previdenciário, o que foi claramente registrado no V. Acórdão " (fl. 933).

É despicienda a menção particularizada a cada um dos dispositivos ou verbetes invocados pela parte (prequestionamento numérico), quando a matéria é enfrentada de forma fundamentada, tal como preceitua o princípio do convencimento motivado - art. 371 do NCPC (Súmula nº 297 do TST, item I).

A simples contrariedade das razões de decidir às pretensões da parte não configura abstenção da atividade julgadora.

Ausentes as violações apontadas.

Nego provimento.

INTERVALO INTRAJORNADA - CONCESSÃO PARCIAL - PAGAMENTO TOTAL DO PERÍODO CORRESPONDENTE

O Eg. Tribunal Regional reformou a sentença para condenar a Reclamada ao pagamento da totalidade do intervalo intrajornada parcialmente concedido. Estes, os termos do acórdão regional:

O intervalo intrajornada, destinado a repouso e alimentação, mostra-se imprescindível ao equilíbrio físico e psicológico do empregado concorrendo para a recuperação de suas energias. Atento a esta realidade, o legislador determinou:

(...)

O motivo da remuneração do intervalo não é o trabalho realizado durante o período, mas a supressão (ou restrição) deste direito, pelo maior esforço que lhe é exigido. Por esta razão, correto o critério de remunerar não apenas o período faltante, mas sim o período integral do intervalo.

(...)

Diante do exposto, reforma-se a r. sentença para acrescer à condenação ao pagamento de horas extras decorrentes do intervalo intrajornada ao período integral de uma hora, não apenas aos minutos suprimidos, mantidos os demais parâmetros estabelecidos na r. sentença (fls. 838/839)

No Recurso de Revista, a Reclamada sustentou que, ao contrário da decisão regional, a concessão parcial do intervalo intrajornada deve resultar no pagamento referente apenas ao período suprimido, com respectivo adicional, e, não, da integralidade do intervalo. Alegou que a condenação importou em enriquecimento ilícito do Autor. Aduziu que a aplicação retroativa da Súmula nº 437 do TST afronta os princípios da segurança jurídica e do ato jurídico perfeito. Invocou os artigos 884 do Código Civil e 5º, II, XXXV e XXXVI, da Constituição da República. Transcreveu 1 (um) julgado.

No Agravo de Instrumento , reitera os argumentos.

A questão referente ao pagamento total do período correspondente ao intervalo intrajornada parcialmente usufruído, com acréscimo de, no mínimo, 50% (cinquenta por cento) está pacificada nesta Eg. Corte - Súmula nº 437, item I, *in verbis:*

I - Após a edição da Lei nº 8.923/94, a não concessão ou a concessão parcial do intervalo intrajornada mínimo, para repouso e alimentação, a empregados urbanos e rurais, **implica o pagamento total do período correspondente, e não apenas daquele suprimido, com acréscimo de, no mínimo, 50% sobre o valor da remuneração da hora normal de trabalho (art. 71 da CLT)**, sem prejuízo do cômputo da efetiva jornada de labor para efeito de remuneração. (destaquei)

Não há irretroatividade na aplicação da Súmula nº 437, uma vez que súmula não é lei, mas consolidação do entendimento reiterado desta Eg. Corte acerca da legislação que disciplina a matéria. Não há falar em impossibilidade de aplicação retroativa, pois trata-se de interpretação da legislação vigente à época dos fatos que ensejaram a presente controvérsia. A norma jurídica que dá suporte ao entendimento consubstanciado em súmula deve ser o parâmetro de controle do conflito intertemporal no direito.

Não diviso as violações apontadas.

Estando a decisão regional em consonância com a jurisprudência desta Corte, o recurso tampouco se viabiliza por divergência jurisprudencial, nos termos do artigo 896, "a", da CLT e da Súmula nº 333.

Nego provimento.

INTERVALO INTERJORNADAS

O Eg. TRT de origem manteve a sentença , que reconhecera a supressão do intervalo interjornadas, condenando a Reclamada ao pagamento de horas extraordinárias. Eis os fundamentos:

A violação ao intervalo previsto no artigo 66 da CLT acarreta a remuneração, como extra, das horas trabalhadas em prejuízo ao descanso. Trata-se de aplicação analógica ao comando legal inserto no parágrafo 4º do artigo 71 da CLT, que obriga o empregador a remunerar, com acréscimo de no mínimo 50% (cinquenta por cento), o período relativo ao intervalo para repouso e alimentação não concedido.

(...)

Oportuno esclarecer que o pagamento das horas em desrespeito aos intervalos entrejornadas e das horas laboradas após à jornada normal diária, como extras, não gera duplicidade de pagamento - bis in idem - na medida em que possuem natureza jurídica distintas, ou seja, não remuneram o mesmo fato gerador.

O pagamento do intervalo suprimido não é decorrente do trabalho realizado durante o período, mas sim da ausência do descanso devido, o que torna mais penosa a atividade laborativa. Logo, correto remunerar-se tanto o tempo correspondente à violação do intervalo suprimido quanto o labor extraordinário propriamente dito.

(...)

Note-se que a disposição é clara ao determinar apenas o pagamento "das horas que foram subtraídas do intervalo" e, por isso, embora estenda ao intervalo interjornada os efeitos do art. 71, §4º, da CLT, quanto ao valor da hora acrescido do adicional de 50%, não tem o condão de atrair o regramento da Súmula 437 do C. TST.

Ante o exposto, correta a sentença que condenou a parte ré, como extras e com reflexos, ao pagamento pelo tempo suprimido em violação aos intervalos em comento, motivo pelo qual mantenho-a tal qual foi consignada. (fls. 843/846)

No Recurso de Revista, a Ré alegou que " diversamente do entendimento do v. acórdão, há duplo incidência sobre o mesmo fato, pois o autor já tem remunerado, inclusive como labor extra eventual desrespeito ao intervalo de 11 horas interjornadas " (fl. 944). Invocou os arts. 66 da CLT, 621 e 884 do Código Civil.

Renova as alegações no Agravo de Instrumento.

Quanto ao pagamento do período suprimido de intervalo interjornadas, o acórdão regional está de acordo com a Orientação Jurisprudencial nº 355 da SBDI-1:

INTERVALO INTERJORNADAS. INOBSERVÂNCIA. HORAS EXTRAS. PERÍODO PAGO COMO SOBREJORNADA. ART. 66 DA CLT. APLICAÇÃO ANALÓGICA DO § 4º DO ART. 71 DA CLT (DJ 14.03.2008) - O desrespeito ao intervalo mínimo interjornadas previsto no art. 66 da CLT acarreta, por analogia, os mesmos efeitos previstos no § 4º do art. 71 da CLT e na Súmula nº 110 do TST, devendo-se pagar a integralidade das horas que foram subtraídas do intervalo, acrescidas do respectivo adicional.

Inviável o processamento do recurso.

Nego provimento.

RESPONSABILIDADE CIVIL POR DANOS MORAIS – DISPENSA - RETALIAÇÃO

O Eg. TRT manteve a condenação da Reclamada ao pagamento de indenização por dano moral decorrente de dispensa abusiva, nestes termos:

Sobre os fatos que envolvem a dispensa, não foram produzidas provas testemunhais. Somente o depoimento da preposta da ré que registra:

"16- que não sabe informar o motivo da dispensa do reclamante; 17- que a reclamada não contratou outra pessoa ou realocou outro empregado para ocupar a vaga do reclamante; 18- que ocorreram outras demissões na mesma época em que o reclamante foi demitido, as quais se deram por motivo de corte de mão-de-obra. Nada mais.".

O depoimento supra, *data venia* o entendimento da parte autora, não evidencia que o autor sofreu discriminação em razão das práticas elencadas na Lei 9.029/1995 ou na Convenção n. 111 da OIT de 1958, vez que dentre as quais não há espaço para o ato retaliativo em análise.

Diante de tais elementos probatórios não é possível se concluir que a dispensa decorreu de qualquer ato discriminatório.

Sob outro viés, com relação ao pleito de indenização por danos morais decorrente da dispensa retaliativa, impende ressaltar que, nos termos do art. 7º, I, da CF, é direito potestativo do empregador a dispensa do empregado, desde que arque com as indenizações materiais correspondentes. No entanto, na trilha das garantias acima esposadas, ainda que o ato da dispensa esteja inserido no âmbito do poder diretivo do empregador, este encontra limites e não pode ser exercido de forma abusiva, como no caso.

O desconhecimento dos fatos por parte da preposta da empregadora, incorre em confissão ficta quanto à matéria de fato. Assim, no presente caso, exsurge dos autos que o autor foi dispensado por motivo retaliativo, pois foi demitido em 18/07/2014, ou seja, praticamente 1 mês após tomar conhecimento da reclamatória trabalhista ajuizada pelo obreiro (em 05/06/2014).

Não há, destarte, como não entender por abusiva a rescisão contratual na espécie em que a ex-empregadora, ao saber da ação que foi ajuizada contra si, demitiu o autor, de forma retaliativa ao seu exercício do direito de ação.

Mantenho. (fls. 852/854)

No Recurso de Revista, a Reclamada pugnou pela exclusão da condenação ao pagamento de indenização por dano moral. Alegou que o Autor, a quem competia o ônus da prova, não logrou comprovar a ilicitude , a culpa e o abalo emocional. Invocou os artigos 7º, XXVIII, da Constituição da República; 186, 927 do Código Civil; 2º, 818 da CLT; e 373, I , do NCPC . Trouxe arestos.

No Agravo de Instrumento, reitera a insurgência.

O Tribunal Regional registrou que o Reclamante foi dispensado cerca de um mês após ter ajuizado Reclamação Trabalhista objetivando a garantia de direitos não concedidos no curso do contrato, e sem justa causa. Consignou que restou configurado abuso de direito do empregador, o que foi reforçado pelo desconhecimento do preposto da Reclamada. As premissas fáticas registradas pelo Tribunal de Origem são inalteráveis nesta instância extraordinária, a teor da Súmula nº 126 do TST.

Em caso semelhante ao dos autos, este Tribunal Superior entendeu que a dispensa de empregado após o ajuizamento de ação contra o empregador configura abuso do direito potestativo, *in verbis* :

2. DANO MORAL. DISPENSA SEM JUSTA CAUSA EM VIRTUDE DE AJUIZAMENTO DE AÇÃO TRABALHISTA. ABUSO DE DIREITO. ATO ILÍCITO. CARACTERIZAÇÃO. O egrégio Colegiado Regional, soberano na análise da prova produzida no processo, consignou que a reclamada praticou ato ilícito ao despedir o autor, pelo fato de ter ajuizado ação trabalhista. A postura adotada pela reclamada mostrou-se, efetivamente, abusiva e autoritária e deixou evidenciado o propósito de retaliação, violando o direito constitucional do reclamante de acesso ao judiciário. Foi, assim, violado direito da personalidade do reclamante, o que ocasiona indiscutíveis danos morais. A propósito, em casos semelhantes ao tratado nos presentes autos, esta Corte Superior já concluiu que a dispensa do empregado em retaliação ao exercício regular de um direito, seja ele de greve, de manifestação, de acesso ao judiciário ou quaisquer outros, constitui abuso do direito potestativo de dispensa injustificada do trabalhador. Recurso de revista de que não se conhece. (RR-247-25.2011.5.03.0086, 5ª Turma, Relator Ministro Caputo Bastos, DEJT 22/9/2015)

Nego provimento.

INDENIZAÇÃO POR DANO MORAL – VALOR – DISPENSA RETALIATÓRIA

O Eg. TRT, consoante excerto acima transcrito, manteve o valor arbitrado à indenização por dano moral pela dispensa retaliatória à base de R$ 20.000,00 (vinte mil reais).

No Recurso de Revista, a Reclamada requereu a redução do *quantum* indenizatório, ao argumento de que o valor arbitrado não se revela razoável, tendo em vista que a indenização deve considerar a extensão do dano. Pugnou pela redução do valor de cada indenização, não devendo exceder R$ 2.000,00 (dois mil reais). Invocou os artigos 186, 927, 944, do Código Civil; 818 da CLT; 373, I do NCPC e 5º, V, X, 7º, XXVIII da Constituição da República. Transcreveu julgados.

No Agravo de Instrumento, reitera a insurgência.

A reclamada foi condenada ao pagamento de indenização por dano moral, em razão de presunção de a rescisão contratual ter decorrido de ajuizamento de reclamação trabalhista contra a Reclamada .

O Tribunal de origem, considerando " a extensão do dano, bem como a culpabilidade da reclamada " (fl. 933), deferiu o valor de R$ 20.000,00 (vinte mil reais), a título de indenização por dano moral.

A jurisprudência desta Corte sinaliza que, quanto ao valor fixado para esta indenização, deve-se considerar a extensão do dano, a teor dos artigos 5º, V, da Constituição da República e 944 do Código Civil.

Assim, a intervenção na instância extraordinária ocorre apenas nos casos em que a indenização for fixada em valores ínfimos ou exorbitantes, ou seja, fugindo aos limites do razoável, a questão deixa de ser mera controvérsia interpretativa sobre fatos e provas e passa a revestir-se de caráter eminentemente jurídico (de direito).

Da leitura dos fatos delineados no acórdão recorrido depreende-se que a instância ordinária, ao fixar o *quantum* indenizatório em R$ 20.000,00 (vinte mil reais), pautou-se pelo princípio da razoabilidade, não se justificando a excepcional intervenção desta Corte Superior.

Nego provimento.

DANO MATERIAL – DOENÇA OCUPACIONAL – *QUANTUM* INDENIZATÓRIO

A Eg. Corte de origem manteve a sentença, que condenara a Ré ao pagamento de indenização por danos morais e pensão vitalícia em razão da doença ocupacional que acometeu o Reclamante e que guarda nexo de concausalidade com o trabalho. Eis os fundamentos:

O laudo pericial apresentado às fls. 587/603 assim restou concluído (fl. 597):

"Conclusão

A parte autora apresentou abaulamentos discais difusos durante o contrato de trabalho com a reclamada.

Existem fatores extra laborais potencialmente causadores (genética, vida laboral com esforço físico)

Em nossa análise a doença deve ser considerada como concausa com o trabalho Classificamos a concausa laboral em grau moderado.".

Destarte, **a hérnia de disco que acomete o autor foi agravada pela concausa do trabalho.**

Do histórico previdenciário depreende-se que permaneceu afastado recebendo auxílio previdenciário no período entre 31/01/2012 a 23/07/2012 O art. 19 da Lei 8.213/1991 define acidente do trabalho como aquele que ocorre pelo exercício do trabalho a serviço da empresa ou pelo exercício do trabalho dos segurados referidos no inciso VII do artigo 11 desta Lei, provocando lesão corporal ou perturbação funcional que cause a morte ou a perda ou redução, permanente ou temporária, da capacidade para o trabalho.

O art. 20 da referida lei equipara ao acidente a doença profissional (inciso I) e a doença do trabalho (inciso II). Segundo a lei, doença profissional é aquela produzida ou desencadeada pelo exercício do trabalho peculiar a determinada atividade e constante da respectiva relação elaborada pelo Ministério do Trabalho e da Previdência Social, e doença do trabalho é a adquirida ou desencadeada em função de condições especiais em que o trabalho é realizado e com ele se relacione diretamente, também constante da relação do Ministério do Trabalho e da Previdência Social.

Excepcionalmente, o §2º do art. 20 da Lei 8.213/1991 equipara ao acidente do trabalho também as doenças que, não incluídas nas relações previstas nos incisos I e II, sejam resultantes das condições especiais em que o trabalho é executado e com ele se relaciona diretamente. E o art. 21 da mencionada lei também equipara ao acidente do trabalho o acidente ligado ao labor que, embora não tenha sido a causa única, haja contribuído diretamente para a morte do segurado, para redução ou perda da sua capacidade para o trabalho, ou produzido lesão que exija atenção médica para a sua recuperação (inciso I).

A configuração da doença equiparada ao acidente e o consequente direito à estabilidade decorrem de comprovação, pela vítima, do nexo de causalidade ou ao menos de concausalidade entre a doença detectada e a atividade executada em favor do empregador.

A discussão se circunscreve a doença do trabalho, conforme diferenciação dos incisos I e II do art. 20 da Lei 8.213/91. Tal distinção é necessária porque, quanto à doença do trabalho, o nexo causal não pode ser presumido.

Quanto à perícia médica, em que pese o Expert tenha afirmado que as patologias identificadas no Reclamante tem como causa comprovada também o

aspecto degenerativo, atestou que as condições de trabalho no Reclamado contribuíram para as lesões descritas, como concausa. Desta forma, incontroverso que o labor atuou como concausa ao agravamento da doença, ainda que apresente cunho degenerativo.

Por tais razões, nada a reparar na r. sentença quanto ao aspecto do nexo concausal.

Quanto ao pedido de reparação civil, comprovado o nexo concausal entre a enfermidade que acometeu o autor e o labor em prol da ré, não tendo o trabalhador ficado incapacitado para o trabalho ("Relativo à repercussão da patologia na atividade laboral, o déficit funcional identificado não traz repercussão para a atividade profissional da parte autora." laudo pericial à fl. 598), configurada lesão apta a ensejar o direito ao pagamento da indenização por dano moral, a fim de preservar a dignidade do demandante (art. 5º, V e X, da CF).

(...)

Com base em tais premissas, afigura-se imperiosa a manutenção da decisão originária no tocante ao valor da indenização por danos morais no importe de R$ 20.000,00, tendo em vista o trabalho ter atuado como concausa para o desencadeamento da doença. A quantia, embora não restitua o autor, nem afaste a dor íntima, minimiza-a, compensando-a com valor que gera desestímulo.

Por outro lado, ressalte-se que na condenação por dano moral, a atualização monetária é devida a partir desta decisão e os juros incidem n. 439 do C TST.

(...)

Diante do exposto, reforma-se parcialmente a r. sentença para determinar que, no caso da indenização por danos morais, a atualização monetária é devida a partir desta decisão e os juros incidem desde o ajuizamento da ação, nos termos do art. 883 da CLT e da Súmula n. 439 do C TST.

(...)

Destaque-se, a princípio, que os documentos de fls. 30 e 38 mencionados pelo autor como sendo comprovantes de despesas médicas, são, em verdade, receituários médicos os quais não discriminam valores, a exemplo de recibos.

Por outro lado, rejeito a pretensão ao dano material em relação às alegadas despesas médicas, ante a inexistência de prova de despesas neste particular.

No que respeita à fixação do dano material, o MM. Juízo a quo ponderou o fato de que houve, por mais que não significativa, uma redução de capacidade laboral na ordem de 5 a 6%, atribuindo indenização por danos materiais na ordem de R$ 10.000,00, valor que merece ser mantido.

Tal arbitramento, portanto, obedece aos princípios da proporcionalidade e da razoabilidade e está pautado em elementos objetivos, sobretudo porque observa a redução laborativa aferida pelo Expert e, a partir dessa baliza, estabelece a indenização. Além disso, a observância da perda e o agravamento por concausa forma vetor consistente que ampara a condenação em danos materiais. (fls. 862/871 - destaquei)

No Recurso de Revista, a Reclamada aduziu que "o laudo concluiu que a doença apresentada pelo autor é genética, nota-se que não foi de grande monta o suficiente para autorizar o arbitramento de indenização por danos materiais. Agindo desta forma, o Regional acabou violando o art. 5º, inc. V da CF e arts. 944 e 945 do CCB, pois não respeitou o princípio da proporcionalidade e da razoabilidade" (fl. 951). Sustentou que a pensão deverá ser correspondente ao que receberia pelo trabalho a que se inabilitou e paga pelo órgão previdenciário. Invocou os artigos 944, 945, 950 do Código Civil, 5º, V, 7º, XXVIII, e 201, I, da Constituição da República.

Em Agravo de Instrumento, reitera as alegações do recurso principal.

Nos termos do acórdão regional, a Reclamada foi condenada ao pagamento de indenização por danos materiais no valor de R$ 10.000,00 (dez mil reais).

Consignou a Corte Regional a existência de nexo de concausalidade entre a moléstia e as atividades laborais, a culpa da Reclamada e o dano. A modificação dessa conclusão, no sentido da presença dos elementos caracterizadores do dano, demandaria o revolvimento de fatos e provas. Óbice da Súmula nº 126 do TST.

No pertinente ao *quantum* indenizatório dos danos materiais, o Tribunal de origem considerou a redução da capacidade laboral na ordem de 5 (cinco) a 6% (seis por cento).

O art. 950 do Código Civil condiciona o valor da indenização por danos materiais ao grau de diminuição da capacidade para o trabalho. Todavia, sob a ótica da concausalidade, o valor fixado pelo Eg. TRT está em sintonia com o panorama fático apresentado.

Não é possível divisar as violações indicadas.

Nego provimento.

DOENÇA OCUPACIONAL – RECOLHIMENTO DE FGTS

O Eg. TRT registrou que " no que se refere ao FGTS, não houve a reforma pretendida, mantendo-se, assim, a decisão primeira quanto ao recolhimento do FGTS " (fl.871).

A Reclamada sustentou que " o auxílio-doença suspende o contrato de trabalho e, assim sendo, consoante o disposto nos artigos 476 da CLT, 22 e 28, § 9º, alíneas 'a' e 'h', da Lei 8.212/91, é indevido o pagamento de diferenças de FGTS ou Contribuições Sociais no período em que o segurado estava em gozo de auxílio-doença previdenciário " (fl. 952). Invocou os artigos 476 da CLT; 22, 28, § 9º, "a" e "h" , da Lei nº 8.212/1991; e 28 do Decreto nº 99.684/1990 e trouxe aresto.

Em Agravo de Instrumento, renova as razões do apelo denegado.

A matéria tal como posta pela Reclamada carece do devido prequestionamento, a teor da Súmula nº 297 do TST.

Nego provimento.

HORAS EXTRAS - COMPENSAÇÃO

O Recurso de Revista não comporta processamento, pois foram transcritos integralmente os fundamentos do acórdão recorrido, sem destaque da tese específica, nem dos elementos essenciais à conclusão da Corte de origem e/ou à análise da alegação recursal.

Com a inclusão do § 1º-A, I, no art. 896 da CLT, entendi que a transcrição integral do acórdão regional e/ou do tópico objeto do Recurso de Revista seria suficiente ao cumprimento do novo requisito. Isso em atenção à menor influência do aspecto formalista na concepção das normas de direito processual do trabalho.

Entretanto, é pacífico no Eg. TST que citada providência não satisfaz o requisito legal. Julgados da C. SBDI-1:

AGRAVO REGIMENTAL EM EMBARGOS DE DECLARAÇÃO EM EMBARGOS DE DECLARAÇÃO EM RECURSO DE REVISTA. REGÊNCIA DA LEI Nº 13.015/2014. INDICAÇÃO DO TRECHO DO ACÓRDÃO REGIONAL QUE CONSUBSTANCIA O

PREQUESTIONAMENTO DA CONTROVÉRSIA. ART. 896, § 1º-A, I, DA CLT. TRANSCRIÇÃO DA ÍNTEGRA DA DECISÃO REGIONAL EM RELAÇÃO AO TEMA. PRESSUPOSTO DE ADMISSIBILIDADE. O cabimento de recurso de embargos contra acórdão de Turma se restringe às hipóteses previstas no art. 894, II, e § 2º, da CLT, não se considerando atual a divergência superada por iterativa e notória jurisprudência desta Corte, no sentido de que não preenche o requisito previsto no art. 896, § 1º-A, I, da CLT, a transcrição integral do acórdão regional **em relação ao tema objeto do recurso de revista**, sem o devido destaque quanto ao ponto em discussão. Agravo regimental a que se nega provimento. (AgR-E-ED-ED-ARR-556-25.2013.5.12.0054, Relator Ministro Walmir Oliveira da Costa, DEJT 19/12/2017 - destaquei)

RECURSO DE EMBARGOS - ARGUIÇÃO DE VÍCIO QUANTO AO CONHECIMENTO DO RECURSO DE REVISTA INTERPOSTO SOB A ÉGIDE DA LEI Nº 13.015/2014 - ÓBICE DO ART. 896, § 1º-A, DA CLT - TRANSCRIÇÃO DO INTEIRO TEOR DO CAPÍTULO REFERENTE AOS HONORÁRIOS ADVOCATÍCIOS - VALIDADE - DECISÃO REGIONAL SUCINTA. O art. 896, § 1º-A, I, da CLT exige que a parte recorrente transcreva e identifique o trecho da decisão regional que contém o prequestionamento da tese jurídica impugnada no recurso de revista. Nesse sentido, esta Corte tem entendido que a reprodução integral da decisão regional quanto ao **capítulo impugnado** não atende a exigência legal, obstando o conhecimento do recurso. No caso em análise, no entanto, a transcrição do inteiro teor do capítulo pertinente aos honorários advocatícios, nas razões do recurso de revista, atende à exigência do art. 896, § 1º-A, I, da CLT, diante da fundamentação sucinta adotada no acórdão regional, que permite o confronto das teses jurídicas em exame. Precedentes. Recurso de embargos conhecido e desprovido. (E-ED-ARR-21322-31.2014.5.04.0202, Relator Ministro Luiz Philippe Vieira de Mello Filho, DEJT 15/12/2017 - destaquei)

RECURSO DE EMBARGOS EM EMBARGOS DE DECLARAÇÃO EM RECURSO DE REVISTA REGIDO PELA LEI Nº 13.015/2014. ECT. PROGRESSÃO HORIZONTAL POR ANTIGUIDADE. COMPENSAÇÃO DAS PROGRESSÕES CONCEDIDAS POR INTERMÉDIO DAS NORMAS COLETIVAS. COISA JULGADA. REQUISITO PREVISTO NO ARTIGO 896, § 1º-A, I, DA CLT. TRANSCRIÇÃO INTEGRAL DO ACÓRDÃO REGIONAL SEM O DESTAQUE DO TRECHO QUE CONSUBSTANCIA O PREQUESTIONAMENTO DA CONTROVÉRSIA. Entre as alterações promovidas à sistemática recursal pela Lei nº 13.015/2014 encontra-se a criação de pressuposto intrínseco do recurso de revista, consistente na indicação (transcrição) do fragmento da decisão recorrida que revele a resposta do tribunal de origem sobre a matéria objeto do apelo. O requisito encontra-se previsto no artigo 896, § 1º-A, I, da CLT, cujo teor dispõe que: "1º-A. Sob pena de não conhecimento, é ônus da parte: I - indicar o trecho da decisão recorrida que consubstancia o prequestionamento da controvérsia objeto do recurso de revista". **A transcrição integral dos fundamentos da decisão regional, quanto aos temas de mérito objeto de impugnação, em texto corrido e sem qualquer destaque ou indicação específica acerca da tese jurídica que a parte entenda como violadora do ordenamento jurídico, constante do início das razões de recurso de revista, não se mostra suficiente a demonstrar, em específico, o prequestionamento da controvérsia objeto das razões do recurso de revista**, fato que impede, por consequência, o atendimento dos demais requisitos previstos nos incisos II e III do artigo 896, § 1º-A, da CLT; ou seja, a demonstração analítica (que se faz por meio da argumentação) entre os dispositivos apontados como violados e o trecho da decisão destacada no apelo. Logo, inviável o processamento do recurso de revista em que a parte não indica, de modo específico, o trecho da decisão recorrida que consubstancia o prequestionamento da controvérsia pontuada em seu apelo, ante o óbice contido no referido dispositivo legal, que lhe atribui tal ônus. Precedentes. Recurso de embargos de que se conhece e a que se dá provimento. (E-ED-RR-172500-89.2013.5.17.0011, Relator Ministro Cláudio Mascarenhas Brandão, DEJT 24/11/2017 - destaquei)

Também cito julgados de todas as Turmas desta Corte Superior: RR-11016-50.2015.5.03.0087, Redator Ministro Márcio Eurico Vitral Amaro, 8ª Turma, DEJT 19/12/2017; AgR-AIRR-98-58.2014.5.02.0019, Relator Ministro Luiz Philippe Vieira de Mello Filho, 7ª Turma, DEJT 20/10/2017; ARR-20361-

90.2014.5.04.0008, Relator Ministro Augusto César Leite de Carvalho, 6ª Turma, DEJT 9/2/2018; RR-1413-88.2013.5.03.0097, Relator Ministro Breno Medeiros, 5ª Turma, DEJT 9/2/2018; AIRR-504-82.2014.5.02.0018, Relator Ministro Fernando Eizo Ono, 4ª Turma, DEJT 19/12/2017; AIRR-3055-39.2013.5.02.0028, Relator Ministro Alberto Luiz Bresciani de Fontan Pereira, 3ª Turma, DEJT 9/2/2018; RR-21281-77.2013.5.04.0403, Relatora Ministra Delaíde Miranda Arantes, 2ª Turma, DEJT 19/12/2017; e ARR-20524-09.2015.5.04.0405, Relator Ministro Lelio Bentes Corrêa, 1ª Turma, DEJT 9/2/2018.

Desse modo, com ressalva do meu entendimento, a transcrição integral do acórdão regional ou do capítulo impugnado, sem o destaque da tese jurídica controvertida, não atende ao requisito do art. 896, § 1º-A, I, da CLT.

Nego provimento.

TRABALHO EM DOMINGOS E FERIADOS

No que interessa, o Eg. TRT confirmou a sentença, *in verbis* :

Desta feita, o domingo é dia de descanso semanal remunerado que, se trabalhado, é devido ao trabalhador adicional de 100% ou que usufrua de folga compensatória na semana seguinte. Igual situação se aplica aos feriados laborados.

Assim, só será devido o adicional de 100% caso o labor em domingos e feriados não tenha sido quitado de forma dobrada ou não tenha a reclamada concedido a folga compensatória.

Em análise perfunctória aos registros de ponto observa-se, à fl. 233, que o autor laborou por 8 horas em 28/10/2012 (domingo) sem que lhe fosse concedida folga compensatória na semana seguinte e tampouco há nos autos comprovação de quitação dobrada de tal labor.

Nessa vereda, nada há a ser reformado quanto ao aspecto.

Mantenho. (fls. 889/890)

Em Recurso de Revista, a Reclamada sustentou que a concessão de descanso em dias diversos do domingo não enseja o pagamento de horas extras. Aduziu que a negociação coletiva existente expressamente autorizava a concessão de folga até o 14º dia de trabalho, sendo indevido o pagamento em dobro determinado no acórdão regional. Invocou os artigos 7º, XXVI, 8º, III e VI, da Constituição da República e 611, § 1º, da CLT.

Em Agravo de Instrumento, renova a insurgência.

Inicialmente, não tendo o Tribunal de origem se manifestado acerca da norma coletiva, inviável a análise ante o óbice da Súmula nº 297 do TST.

O Eg. TRT manteve o pagamento em dobro dos domingos e feriados trabalhados sem folga compensatória na mesma semana.

A tese regional está em harmonia com a Orientação Jurisprudencial nº 410 da SBDI-1, in *verbis* :

REPOUSO SEMANAL REMUNERADO. CONCESSÃO APÓS O SÉTIMO DIA CONSECUTIVO DE TRABALHO. ART. 7º, XV, DA CF. VIOLAÇÃO. (DEJT DIVULGADO EM 22, 25 E 26.10.2010) - Viola o art. 7º, XV, da CF a concessão de repouso semanal remunerado após o sétimo dia consecutivo de trabalho, importando no seu pagamento em dobro.

Não há falar em afronta aos dispositivos invocados.

Nego provimento.

INDENIZAÇÃO POR DANO MORAL – VALOR – DOENÇA OCUPACIONAL

O Eg. TRT, consoante excerto acima transcrito, manteve o valor arbitrado à indenização por dano moral em razão de doença ocupacional à base de R$ 20.000,00 (vinte mil reais) .

No Recurso de Revista, a Reclamada requereu a redução do *quantum* indenizatório, ao argumento de que a doença é genética de sorte que o valor da indenização não poderia exceder a R$ 2.000,00 (dois mil reais) sob pena de fugir aos critérios de proporcionalidade e razoabilidade. Invocou os artigos 944, 945 do Código Civil e 5º, V , da Constituição da República. Transcreveu julgados .

No Agravo de Instrumento, reitera a insurgência.

Vislumbrada violação ao artigo 944 do Código Civil, **dou provimento** ao Agravo de Instrumento para determinar o processamento do Recurso de Revista no tema "indenização por dano moral – valor – doença ocupacional", publicando-se certidão, para efeito de intimação das partes, dela constando que o julgamento dos recursos dar-se-á na segunda sessão ordinária subsequente à data da publicação.

II – RECURSO DE REVISTA

REQUISITOS EXTRÍNSECOS DE ADMISSIBILIDADE

Presentes os requisitos extrínsecos de admissibilidade, passo ao exame dos intrínsecos.

INDENIZAÇÃO POR DANO MORAL – VALOR – DISPENSA RETALIATÓRIA – DOENÇA OCUPACIONAL

a) **Conhecimento**

Dispõe o *caput* do artigo 944 do Código Civil que " a indenização mede-se pela extensão do dano " (destaquei) e, no parágrafo único, determina que " se houver excessiva desproporção entre a gravidade da culpa e o dano, poderá o juiz reduzir, equitativamente, a indenização " (destaquei) .

Conforme excerto transcrito no julgamento do Agravo de Instrumento, o Eg. Tribunal de origem manteve a sentença, que condenara a Reclamada ao pagamento de indenização por danos morais no valor de

R$ 20.000,00 (vinte mil reais) pela doença ocupacional.

Ao fixar o *quantum* da indenização, o Eg. Tribunal Regional deixou de considerar o reduzido grau de culpa extraído da conduta da Reclamada, em relação à lesão experimentada pelo Autor, bem como a importância das demais circunstâncias do caso concreto.

Tratando-se de lesão multifatorial, a gravidade da culpa deve ser medida na proporção da participação do trabalho como concausa.

Embora a Corte de origem tenha registrado que " a indenização deve observar a noção de razoabilidade entre o abalo sofrido e o valor a ser pago, o qual deve ser suficiente não só para amenização do dano direto, mas de todas as suas consequências, além de ostentar o caráter pedagógico " (fl. 866), entendo que o montante indenizatório arbitrado revela-se excessivo, considerando-se (i) a natureza degenerativa da doença e a atuação do trabalho apenas como concausa para o agravamento; (ii) o curto período de duração do contrato de trabalho (cerca de 3 anos, entre 4/4/2011 e 18/7/2014), a indicar a diminuta participação do labor como concausa da doença, que é multifatorial e desenvolve-se ao longo do tempo (hérnia de disco) .

Dadas essas circunstâncias, considerando que o grau de culpa da Reclamada é extremamente reduzido e que, consoante registrado pelo perito, a redução da capacidade laboral foi na ordem de 5 a 6%, o Eg. TRT conferiu ao labor indevido protagonismo no desenvolvimento da doença.

O valor atribuído à indenização mostra-se demasiado se consideradas as peculiaridades do caso concreto, sobretudo levando-se em conta a natureza degenerativa da enfermidade, as atividades desempenhadas e o diminuto tempo de trabalho.

Conheço por violação ao artigo 944 do Código Civil.

b) Mérito

Ante o conhecimento do Recurso de Revista por violação a dispositivo de lei federal, **dou** -lhe **provimento** para reduzir o valor da indenização por danos morais para R$ 5.000,00 (cinco mil reais).

ISTO POSTO

ACORDAM os Ministros da Oitava Turma do Tribunal Superior do Trabalho, por unanimidade: I - dar provimento ao Agravo de Instrumento no tema "INDENIZAÇÃO POR DANO MORAL – VALOR – DOENÇA OCUPACIONAL", para determinar o processamento do Recurso de Revista, publicando-se certidão, para efeito de intimação das partes, dela constando que o julgamento dos recursos dar-se-á na segunda sessão ordinária subsequente à data da publicação; II – conhecer do Recurso de Revista, por violação ao artigo 944 do Código Civil, e, no mérito, dar-lhe provimento para reduzir o valor da indenização por danos morais para R$ 5.000,00 (cinco mil reais).

Brasília, 11 de dezembro de 2019.

Firmado por assinatura digital (MP 2.200-2/2001)

Maria Cristina Irigoyen Peduzzi

Ministra Relatora

A C Ó R D Ã O

SbDI-1

GMJRP/ir/rb/JRP/li

EMBARGOS REGIDOS PELA LEI Nº 13.015/2014.

REINTEGRAÇÃO. DISPENSA DISCRIMINATÓRIA. AJUIZAMENTO DE RECLAMAÇÃO TRABALHISTA.

Discute-se o direito do reclamante à reintegração ao emprego, tendo em vista a dispensa discriminatória motivada pelo ajuizamento de ação trabalhista em face da reclamada. O Regional asseverou que "não pairam dúvidas de que o demandante foi dispensado por ato discriminatório do demandado, diante da propositura de ação trabalhista, em claro abuso de direito", mas entendeu ser indevida a reintegração, por falta de previsão legal e porque, diante da ausência de período definido de estabilidade ou de garantia no emprego, não seria "possível precisar o momento em que o empregador poderá rescindir, imotivadamente, o contrato de trabalho". A Turma manteve a decisão regional, ao fundamento de que a conduta praticada pela reclamada não está descrita no rol elencado no artigo 1º da Lei n.º 9.029/95. Com efeito, em sua redação original, o artigo 1º da Lei nº 9.029/95 proibia " <u>a adoção de qualquer prática discriminatória e limitativa para efeito de acesso a relação de emprego</u>**, ou sua manutenção** , por motivo de sexo, origem, raça, cor, estado civil, situação familiar ou idade, ressalvadas, neste caso, as hipóteses de proteção ao menor previstas no inciso XXXIII do art. 7º da Constituição Federal" (grifou-se). Embora o texto legal elencasse apenas determinadas modalidades de práticas discriminatórias, o entendimento desta Corte vinha sendo o de que o rol enumerado não era taxativo, permitindo sua extensão para outras formas de discriminação, a serem constatadas nos casos concretos examinados, inclusive porque a primeira parte do dispositivo, expressamente, referia-se a "qualquer prática discriminatória", permitindo, assim, a adoção de interpretação ampliativa, à luz do ordenamento jurídico brasileiro e dos princípios da proteção ao trabalhador. Ademais, com amparo nos princípios da dignidade da pessoa humana e dos valores sociais do trabalho (artigo 1º, incisos III e IV, da Constituição Federal), a jurisprudência majoritária sempre entendeu que o direito potestativo do empregador não é absoluto e, em casos como o destes autos, de dispensa do empregado quando ajuizada reclamatória trabalhista contra o patrão, muitas vezes esse direito é invocado para mascarar o real motivo da dispensa. A retaliação perpetrada pelo empregador nesses casos constitui não apenas uma forma de punir o empregado, mas, também, de impedir o exercício do direito de ação e evitar um julgamento que lhe seja favorável e, portanto, impõe a nulidade da dispensa. Assim, mesmo na égide da redação anterior do artigo 1º da Lei nº 9.029/95, esta Corte já reconhecia a conduta discriminatória do empregador em casos de dispensa do empregado após a propositura de ação trabalhista, ao fundamento de que a enumeração constante desse dispositivo não era taxativa. Esse entendimento jurisprudencial foi consolidado com o advento da Lei nº 13.146/2015 (Estatuto da Pessoa Com Deficiência), publicada no Diário Oficial da União em 7/7/2015, que alterou o artigo 1º da Lei nº 9.029/95 para incluir a expressão "entre outros", após a enumeração de alguns tipos de práticas discriminatórias, nos seguintes termos: É proibida a adoção de qualquer prática discriminatória e limitativa para efeito de acesso à relação de trabalho, ou de sua manutenção, por motivo de sexo, origem, raça, cor, estado civil, situação familiar, deficiência, reabilitação profissional, idade, **entre outros**, ressalvadas, nesse caso, as hipóteses de proteção à criança e ao adolescente previstas no inciso XXXIII do art. 7º da Constituição Federal." (grifou-se). Assim, não subsiste a tese de ausência de previsão legal para a nulidade da dispensa do empregado baseada em conduta retaliatória praticada pelo empregador, sendo exemplificativo o rol elencado no artigo 1º da Lei nº 9.029/95. Inquestionável, portanto, que a dispensa do reclamante, em razão do ajuizamento de ação trabalhista contra a reclamada, configura abuso do direito potestativo e constitui dispensa discriminatória, nos termos da lei. Quanto ao pedido de reintegração, a nova redação da Lei nº 9.029/95 estabelece ser faculdade do empregado optar entre a reintegração, "com ressarcimento integral de todo o período de afastamento, mediante pagamento das remunerações devidas, corrigidas monetariamente e acrescidas de juros legais", e "a percepção, em dobro, da remuneração do período de afastamento, corrigida monetariamente e acrescida dos juros legais". Logo, a reintegração do empregado está expressamente assegurada pela lei, devendo ser restabelecida a sentença no aspecto.

Embargos **conhecidos e providos.**

Vistos, relatados e discutidos estes autos de Embargos em Recurso de Revista com Agravo nº **TST-E-ARR-10256-19.2014.5.03.0061**, em que é Embargante **EVALDO ROQUE** e Embargada **MAHLE METAL LEVE S.A.**

A Quarta Turma do Tribunal Superior do Trabalho, em acórdão proferido às págs. 541-550, não conheceu do recurso de revista do reclamante e manteve a decisão regional pela qual se afastou a ordem de reintegração ao emprego.

Não foram interpostos embargos de declaração.

Inconformado, o reclamante interpõe embargos para a SbDI-1 do Tribunal Superior do Trabalho, às págs. 553-562, com fulcro no artigo 894, inciso II, da CLT, em que defende seu direito à reintegração, com o argumento de que é exemplificativo o rol previsto no artigo 1º da Lei nº 9.029/95, que visa dar maior efetividade aos princípios contidos nos artigos 3º, inciso IV, e 5º, inciso XLI, na Constituição Federal.

Fundamenta suas alegações em divergência jurisprudencial.

O recurso foi admitido no despacho exarado pela Presidência da Quarta Turma, às págs. 584-587.

Impugnação apresentada às págs. 588-593.

Os autos não foram remetidos à Procuradoria-Geral do Trabalho, ante o disposto no artigo 95 do Regimento Interno desta Corte.

É o relatório.

VOTO

EMBARGOS REGIDOS PELA LEI Nº 13.015/2014, PELO CPC/2015 E PELA INSTRUÇÃO NORMATIVA Nº 39/2016 DO TRIBUNAL SUPERIOR DO TRABALHO

REINTEGRAÇÃO. DISPENSA DISCRIMINATÓRIA. AJUIZAMENTO DE RECLAMAÇÃO TRABALHISTA

I - CONHECIMENTO

A Quarta Turma desta Corte não conheceu do recurso de revista do reclamante e manteve a decisão regional pela qual se afastou a ordem de reintegração ao emprego.

Para tanto, alicerçou-se nos seguintes fundamentos, *in verbis:*

"DISPENSA DISCRIMINATÓRIA

O Regional deu parcial provimento ao Recurso Ordinário da Reclamada, adotando os seguintes fundamentos:

'Examinada em seu conjunto, a prova oral não corrobora a tese sustentada em defesa no sentido de que as dispensas dos autores decorreram apenas da readequação do quadro funcional, acarretada pela queda no volume da sua produção.

....
....

Por tudo isso, **não pairam dúvidas de que o demandante foi dispensado por ato discriminatório do demandado, diante da propositura de ação trabalhista, em claro abuso de direito** .

Ao assim proceder, a Reclamada violou os princípios constitucionais básicos da dignidade da pessoa humana (art. 1.º, III) e dos valores sociais do trabalho (art. 1.º, IV), bem como o direito do trabalhador a relação de emprego protegida contra dispensa arbitrária ou sem justa causa (art. 7.º, I).

Cabe, contudo, examinar, os efeitos jurídicos do abuso no direito de dispensa do empregado. E, neste ponto, entendo assistir razão à reclamada. A conduta da ré não dá ensejo à nulidade da dispensa do autor, garantindo a ele a reintegração ao emprego, pois não há nenhum dispositivo que, objetiva e expressamente, lhe assegure esse direito.

Veja-se que a norma em que se ampara a sentença (art. 4.º da Lei n.º 9.029/95) tem aplicação restrita os casos mencionados no caput do art. 1.º da mesma lei, que veda a adoção de prática discriminatória por motivo de sexo, origem, raça, estado civil, situação familiar ou idade.

Com a devida vênia à sentença, tratando-se de norma restritiva de direitos, não cabe a sua aplicação extensiva. No caso, a aplicação dos princípios constitucionais nela citados e o reconhecimento da dispensa abusiva importa na reparação do dano causado, apenas. Para além das hipóteses citadas na referida lei, somente poderia se reconhecer direito à reintegração se o trabalhador estivesse ao alcance de alguma espécie de estabilidade ou garantia de emprego normatizada, o que não é o caso.

Portanto, não há respaldo legal para determinar a reintegração do trabalhador ao emprego. Neste sentido, já decidiu este Eg. Regional: TRT-01065-2010-158-03-00-1-RO, Rel. Des. José Miguel de Campos, DEJT 10/02/2011).

Como se não bastasse, a reintegração não seria recomendável também do ponto de vista prático: como não há período definido de estabilidade ou garantia de emprego, não é possível precisar o momento em que o empregador poderá rescindir, imotivadamente, o contrato de trabalho. Uma futura rescisão imotivada poderia ser interpretada como nova retaliação, ainda que não esteja fundada em motivos ilegítimos, o que em última análise cercearia o futuro direito potestativo do empregador .

Provejo para afastar a ordem de reintegração do autor e de cancelamento da baixa na CTPS, cassando-se a liminar deferida.' (a fls. 164/171.)

O Reclamante sustenta que a dispensa discriminatória praticada pela Recorrida enseja a sua reintegração. Defende que a reintegração independe do rol previsto no *caput* do art. 1.º da Lei n.º 9.029/95, uma vez que se trata de enumeração meramente exemplificativa, devendo ser observados os preceitos constitucionais que garantem as liberdades fundamentais e expurgam qualquer tipo de discriminação atentatória dos direitos do indivíduo. Entende que a tese adotada pelo Regional acerca da futura e eventual dispensa do Autor não é razoável. Aponta violação dos arts. 3.º, IV, 5.º, *caput* , e XLI, 7.º, I, da Constituição Federal; 927 do Código Civil; 1.º da Lei n.º 9.029/95. Colaciona arestos (a fls. 139/159).

Entendo preenchidos os requisitos da atual redação do art. 896, § 1.º-A, da CLT, no tópico.

Ileso o art. 927 do Código Civil, porquanto não guarda relação direta e literal com a hipótese de reintegração.

Não há ofensa ao art. 1.º da Lei n.º 9.029/95, uma vez que a conduta praticada pela Reclamada não está descrita no rol elencado do citado dispositivo , *in verbis* :

'Art. 1.º Fica proibida a adoção de qualquer prática discriminatória e limitativa para efeito de acesso a relação de emprego, ou sua manutenção, por motivo de sexo, origem, raça, cor, estado civil, situação familiar ou idade, ressalvadas, neste caso, as hipóteses de proteção ao menor previstas no inciso XXXIII do art. 7.º da Constituição Federal.'

Também não se vislumbra ofensa aos arts. 3.º, IV, 5.º, *caput* , e XLI, 7.º, I, da Constituição Federal, pois citados dispositivos não garantem a reintegração do Autor nos moldes em que requerida, levando-se em consideração, ainda, que **o dano sofrido já foi reparado com a condenação da Reclamada ao pagamento de indenização por danos morais** .

Por fim, o aresto colacionado com o escopo de demonstrar o dissenso de teses, proveniente da 13.ª Região, não enfrenta os dois fundamentos apresentados pelo Regional.

Como se observa, o Regional adotou dois fundamentos para dar provimento ao Apelo da Reclamada. O primeiro, que não há dispositivo legal que assegure o direito à reintegração do emprego pela dispensa discriminatória; o segundo, que a reintegração não seria recomendável, uma vez que 'não há período definido de estabilidade ou garantia de emprego', não sendo 'possível precisar o momento em que o empregador poderá rescindir, imotivadamente, o contrato de trabalho'.

A divergência jurisprudencial hábil ao conhecimento do Recurso de Revista é aquela que abranja todos os fundamentos do julgado, o que não ocorre na hipótese, porquanto se refere apenas ao primeiro fundamento. Óbice da Súmula n.º 23 desta Corte.

Pelo exposto, não conheço." (págs. 545-547, grifou-se e destacou-se).

Nas razões de embargos, págs. 553-562, o reclamante defende seu direito à reintegração, com o argumento de que é exemplificativo o rol previsto no artigo 1º da Lei nº 9.029/95, que vista a dar maior efetividade aos princípios contidos nos artigos 3º, inciso IV, e 5º, inciso XLI, na Constituição Federal.

Fundamenta suas alegações em divergência jurisprudencial.

Examina-se.

Trata-se de caso em que o Regional reconheceu, expressamente, a existência de ato discriminatório praticado pela reclamada, ao dispensar o reclamante em razão da propositura de ação trabalhista.

A Turma afastou a alegada ofensa ao artigo 1º da Lei nº 9.029/95, porque "a conduta praticada pela Reclamada não está descrita no rol elencado do citado dispositivo" (pág. 547).

O recurso de embargos alcança conhecimento por divergência jurisprudencial demonstrada por meio do aresto citado às págs. 565-581, cópia declarada autêntica pelo subscritor do recurso, oriundo da Quarta Turma, E-RR-7633000-19.2003.5.14.0900 , publicado no DEJT em 12/4/2012, o qual consigna tese de que o rol previsto no artigo 1º da Lei nº 9.029/95 "não pode ser considerado 'numerus clausus', cabendo a integração pelo intérprete, ao se defrontar com a emergência de novas formas de discriminação" (pág. 558), de forma que, "no caso de restar provada a dispensa retaliativa pelo exercício de ação, há agravamento da situação de fato e direito à reintegração por discriminação e obstáculo ao direito de agir" (pág. 560).

Conheço , pois, do recurso de embargos por divergência jurisprudencial.

II – MÉRITO

Discute-se o direito do reclamante à reintegração ao emprego, tendo em vista a dispensa discriminatória motivada pelo ajuizamento de ação trabalhista em face da reclamada.

O Regional asseverou que "não pairam dúvidas de que o demandante foi dispensado por ato discriminatório do demandado, diante da propositura de ação trabalhista, em claro abuso de direito" (pág. 545), mas entendeu ser indevida a reintegração, por falta de previsão legal e porque, diante da ausência de período definido de estabilidade ou de garantia no emprego, não seria "possível precisar o momento em que o empregador poderá rescindir, imotivadamente, o contrato de trabalho" (pág. 547).

A Turma manteve a decisão regional, ao fundamento de que a conduta praticada pela reclamada não está descrita no rol elencado no artigo 1º da Lei nº 9.029/95.

Com efeito, em sua redação original, o artigo 1º da Lei nº 9.029/95 proibia " <u>a adoção de qualquer prática discriminatória e limitativa para efeito de acesso a relação de emprego</u>, **ou sua manutenção** , por motivo de sexo, origem, raça, cor, estado civil, situação familiar ou idade, ressalvadas, neste caso, as hipóteses de proteção ao menor previstas no inciso XXXIII do art. 7º da Constituição Federal" (grifou-se).

Embora o texto legal elencasse apenas determinadas modalidades de práticas discriminatórias, o entendimento desta Corte vinha sendo o de que o rol enumerado não era taxativo, permitindo sua extensão para outras formas de discriminação, a serem constatadas nos casos concretos examinados, inclusive porque a primeira parte do dispositivo, expressamente, referia-se a "qualquer prática discriminatória", permitindo, assim, a adoção de interpretação ampliativa, à luz do ordenamento jurídico brasileiro e dos princípios da proteção ao trabalhador.

Ademais, com amparo nos princípios da dignidade da pessoa humana e dos valores sociais do trabalho (artigo 1º, incisos III e IV, da Constituição Federal), a jurisprudência majoritária sempre entendeu que o direito potestativo do empregador não é absoluto e, em casos como o destes autos, de dispensa do empregado quando ajuizada reclamatória trabalhista contra o patrão, muitas vezes esse direito é invocado para mascarar o real motivo da dispensa.

A retaliação perpetrada pelo empregador nesses casos constitui não apenas uma forma de punir o empregado, mas, também, de impedir o exercício do direito de ação e evitar um julgamento que lhe seja favorável e, portanto, impõe a nulidade da dispensa.

Nesse sentido, cita-se precedente desta Subseção, no julgamento do processo E-ED-RR - 197400-58.2003.5.19.0003, da lavra do Exmo. Ministro Augusto César Leite de Carvalho, publicado no DEJT em 29/6/2012, em que se examinou a legitimidade do Ministério Público para a propositura de ação coletiva visando a afastar a dispensa discriminatória motivada pela propositura de ação dos empregados contra a empresa:

"RECURSO DE EMBARGOS REGIDO PELA LEI 11.496/2007. PRELIMINAR DE NULIDADE DO ACÓRDÃO RECORRIDO POR NEGATIVA DE PRESTAÇÃO JURISDICIONAL. (...) LEGITIMIDADE DO MINISTÉRIO PÚBLICO DO TRABALHO. **AÇÃO CIVIL COLETIVA.** DIREITOS INDIVIDUAIS HOMOGÊNEOS. PRETENSÃO RELATIVA A **DISPENSA E SANÇÕES DE CARÁTER PECUNIÁRIO A EMPREGADOS QUE PROPUSERAM RECLAMATÓRIA TRABALHISTA CONTRA A EMPREGADORA** E NÃO ADERIRAM AO ACORDO JUDICIAL PROPOSTO PELA EMPRESA. A legitimidade do Ministério Público do Trabalho para ajuizar ação civil pública ou ação coletiva está assegurada pelos artigos 127, caput, e 129, III e IX, da

Constituição Federal c/c os artigos 83 e 84 da Lei Complementar 75/93 e 81, 82, I, e 91 do Código de Defesa do Consumidor. Dessa forma, sempre que restar caracterizada lesão a uma coletividade definida de trabalhadores e existir, consequentemente, um ato lesivo a contratos de trabalho, de forma direta ou indireta, o Ministério Público do Trabalho terá legitimidade para ajuizar ação com vistas a tutelar o direito correspondente em juízo. No caso dos autos, verifica-se que <u>a pretensão do Parquet visa a anular e impedir a alegada prática de atos discriminatórios da empresa, concernentes em dispensa e sanções de caráter pecuniário</u> (supressão de gratificações e adicionais), <u>a empregados que ajuizaram reclamatória trabalhista</u> e não aderiram ao acordo judicial proposto pela empresa. <u>Trata-se de pretensão relativa a interesse social relevante, objetivando **impedir o alegado abuso do direito potestativo patronal** (CF/88, art. 7º, I) como forma de retaliação aos empregados que exerceram o direito fundamental de acesso ao Judiciário que implicaria afronta àquela outra garantia fundamental prevista na Constituição da República, concernente a não discriminação</u> (CF/88, art. 5º, caput e inciso XXXV). A hipótese, se confirmada, configurará típico caso de aplicação do instituto que a doutrina jurídica moderna, sobretudo espanhola, denomina garantia de indenidade, a qual consiste em -uma técnica de proteção do exercício dos direitos fundamentais-, na busca da -ineficácia dos atos empresariais lesivos de direitos fundamentais- dos trabalhadores, na expressão dos doutrinadores espanhóis Casas Baamonde e Rodríguez-Piñero. Destaque-se que não se cuida, como pareceu à Turma, de direito insusceptível de tutela por ação civil coletiva, porque preponderaria o poder potestativo de resilição contratual. O Supremo Tribunal Federal reconhece a relevância da pretensão ligada à garantia de indenidade, ao considerar que, '**se de um lado reconhece-se o direito do empregador de fazer cessar o contrato a qualquer momento, sem que esteja obrigado a justificar a conduta, de outro não se pode olvidar que o exercício respectivo há que ocorrer sob a égide legal** e esta não o contempla como via oblíqua para se punir aqueles que, possuidores de sentimento democrático e certos da convivência em sociedade, ousaram posicionar-se politicamente, só que o fazendo de forma contrária aos interesses do co-partícipe da força de produção' (RE 130206-PA, relator Ministro Ilmar Galvão, DJ de 14/8/1992). No âmbito desta Subseção Especializada, há precedentes que também respaldam esse entendimento (E-RR 155200-45.1999.5.07.0024, de relatoria do Ministro Lélio Bentes Corrêa, DEJT de 23/3/2012 e E-RR 7633000-19.2003.5.14.0900, relator Ministro Ives Gandra Martins, julgado em 29/3/2012, DEJT de 13/4/2012). Logo, diante da relevância do direito perseguido e da plausibilidade da postulação, não há dúvida da legitimidade do Ministério Público do Trabalho para ajuizar a presente demanda. Recurso de embargos conhecido e provido." (E-ED-RR - 197400-58.2003.5.19.0003, Relator Ministro: Augusto César Leite de Carvalho, data de julgamento: 21/6/2012, Subseção I Especializada em Dissídios Individuais, data de publicação: DEJT 29/6/2012).

No mesmo sentido, precedente também desta Subseção, da lavra do Exmo. Ministro Ives Gandra Martins Filho, em hipótese idêntica a destes autos:

"DISPENSA RETALIATÓRIA - DISCRIMINAÇÃO EM RAZÃO DO AJUIZAMENTO DE RECLAMATÓRIA TRABALHISTA - ABUSO DE DIREITO - REINTEGRAÇÃO Demonstrado o caráter retaliatório da dispensa promovida pela Empresa, em face do ajuizamento de ação trabalhista por parte do Empregado, ao ameaçar demitir os empregados que não desistissem das reclamatórias ajuizadas, há agravamento da situação de fato no processo em curso, justificando o pleito de preservação do emprego. A dispensa, nessa hipótese, apresenta-se discriminatória e, se não reconhecido esse caráter à despedida, a Justiça do Trabalho passa a ser apenas a justiça dos desempregados, ante o temor de ingresso em juízo durante a relação empregatícia. Garantir ao trabalhador o acesso direto à Justiça, independentemente da atuação do Sindicato ou do Ministério Público, decorre do texto constitucional (CF, art. 5º, XXXV), e da Declaração Universal dos Direitos Humanos de 1948 (arts. VIII e X), sendo vedada a discriminação no emprego (convenções 111 e 117 da OIT) e assegurada ao trabalhador a indenidade frente a eventuais retaliações do empregador (cfr. Augusto César Leite de Carvalho, -Direito Fundamental de Ação Trabalhista-, in Revista Trabalhista: Direito e Processo, Anamatra - Forense, ano 1, v.1, n. 1 - jan/mar 2002 - Rio). Diante de tal quadro, o pleito reintegratório merece agasalho. Recurso de embargos conhecido e provido." (E-RR - 7633000-19.2003.5.14.0900, Relator Ministro: Ives

Gandra Martins Filho, Subseção I Especializada em Dissídios Individuais, DEJT 13/4/2012).

Assim, mesmo na égide da redação anterior do artigo 1º da Lei nº 9.029/95, esta Corte já reconhecia a conduta discriminatória do empregador em casos de dispensa do empregado após a propositura de ação trabalhista, ao fundamento de que a enumeração constante desse dispositivo não era taxativa.

Confere-se:

"AGRAVO DE INSTRUMENTO EM RECURSO DE REVISTA EM FACE DE DECISÃO PUBLICADA ANTES DA VIGÊNCIA DA LEI Nº 13.015/2014. DISPENSA DISCRIMINATÓRIA. AÇÃO TRABALHISTA. RETALIAÇÃO. NULIDADE. REINTEGRAÇÃO. ÔNUS DA PROVA. O Tribunal Regional negou provimento ao recurso da reclamada, confirmando a tese da dispensa discriminatória ao entendimento de que a mesma se deu em retaliação ao ajuizamento de ação trabalhista contra a empregadora, considerando-a nula e determinando a reintegração ao emprego. O TRT registra que o reclamante foi dispensado imotivadamente 40 dias após o ajuizamento de ação visando ao reconhecimento de direitos trabalhistas, assinalando que, nessa situação, recai sobre o empregador o ônus da prova de que a dispensa não teve caráter discriminatório. Consigna que a inversão do ônus se justifica em face do princípio da aptidão para a prova, na medida em que somente a reclamada pode demonstrar as razões alegadas para a dispensa, daí ter o encargo de evidenciar a razoabilidade da diferenciação adotada. Fixa que não ficou demonstrada a tese patronal de que a dispensa decorreu da readequação do quadro de pessoal, adicionando que o argumento "serve apenas para emprestar manto de legalidade à conduta discriminatória", de modo que o viés discriminatório mais se evidencia pelo fato de o reclamante contar quase 27 anos de trabalho prestado à empresa, com ficha funcional ilibada. Conclui, após ampla análise da prova, transcrevendo depoimentos, que o acervo não afasta a alegação obreira de que foi vítima de conduta discriminatória, concluindo por sua caracterização e pelo reconhecimento do direito à reintegração, na linha da Súmula nº 443/TST. Posto o acórdão regional, com relação à alegada violação aos arts. 818 da CLT e 333, I, do CPC, incide a teoria dinâmica do ônus da prova, de acordo com a qual a prova incumbe a quem reúne melhores condições de produzi-la, à luz das especificidades do caso concreto. Decorre da teoria o princípio da aptidão para a prova, cujo conteúdo indica que o ônus probatório recai sobre quem pode provar, extraindo-se dos arts. 818 da CLT e 333 do CPC que o ônus incumbe àquele que, à luz das circunstâncias do caso, pode melhor suportá-lo. No caso, fixando o acórdão que a dispensa deu-se 40 dias após o ajuizamento de reclamatória, caberia à reclamada demonstrar que o desligamento deu-se por necessidade de reestruturação empresarial, alegação que inevitavelmente conduz à inversão do ônus da prova, atraindo a incidência do art. 333, II, do CPC. Acrescente-se que, nada obstante o acórdão ter articulado a tese de atribuição do ônus da prova à reclamada, sua conclusão quanto à natureza discriminatória da dispensa também se funda no conjunto fático-probatório. Agravo de instrumento desprovido. DISPENSA DISCRIMINATÓRIA. AÇÃO TRABALHISTA. RETALIAÇÃO. NULIDADE. DANO MORAL. O Tribunal Regional negou provimento ao recurso da reclamada, confirmando a indenização por dano moral em face da dispensa ter ocorrido por retaliação decorrente do exercício do direito constitucional de ação, concluindo que a dispensa discriminatória gera dano moral e impõe a correspondente reparação pecuniária. Reconhecendo o acórdão regional a caracterização da dispensa discriminatória, deferindo em consequência indenização por dano moral, a revista não se viabiliza com apoio nas alegadas violações aos arts. 186 e 927 do CC ou por dissenso jurisprudencial, esta por incidência da Súmula nº 296, I, do TST. Agravo de instrumento desprovido." (AIRR - 904-55.2013.5.03.0034, Relator Desembargador Convocado: Arnaldo Boson Paes, **7ª Turma** , DEJT 6/3/2015).

"AGRAVO DE INSTRUMENTO EM RECURSO DE REVISTA - GARANTIA CONTRATUAL DE EMPREGO - DISPENSA ARBITRÁRIA – RETALIAÇÃO PELA PROPOSITURA DE RECLAMAÇÃO TRABALHISTA CONTRA O EMPREGADOR - INDENIDADE - NULIDADE DA DISPENSA - REINTEGRAÇÃO AO EMPREGO. A Corte regional registrou que, por meio de norma intitulada -Política de Avaliação e Desenvolvimento-, o reclamado instituiu um rigoroso sistema de avaliação dos trabalhadores, vinculando-se, por conseguinte, à adoção dos critérios ali estabelecidos para dispensa de pessoal. Nesse contexto, diante da evidência fática de que o reclamante obteve o melhor conceito nas avaliações às quais o reclamado se vinculou e, no entanto, foi dispensado arbitrariamente como forma de retaliação pelo exercício do direito constitucional de acesso ao Poder Judiciário, decidiu a Corte a quo reintegrar o trabalhador no emprego. A incorporação de condição mais benéfica estabelecida pela empresa ao contrato de trabalho decorre do princípio protetivo, que determina o caráter prospectivo do contrato de trabalho. Assim, o direito de não ser dispensado arbitrariamente se agrega ao patrimônio jurídico do trabalhador quando a empresa, por liberalidade, institui critérios para dispensa dos seus empregados. Nesse sentido, não há violação dos arts. 5º, II, da Constituição Federal e 482 da CLT na decisão regional, porquanto a controvérsia foi dirimida em razão do estatuto contratual singular verificado nos autos. E, ainda que assim não fosse, a conduta empresarial de perseguir o trabalhador em razão do exercício regular do direito de ação também pode ser enquadrada no disposto no art. 1º da Lei nº 9.029/95, ensejando, de toda sorte, a reintegração do empregado, nos termos do art. 4º deste diploma legal. O direito do trabalhador de reclamar judicialmente contra as violações dos seus direitos laborais merece ser garantido em face de medidas de retaliação que ameacem a sua permanência no emprego, sob pena de inviabilizar a atuação do Poder Judiciário trabalhista no curso das relações de emprego. Cabe aqui a utilização do direito comparado, nos termos do art. 8º da CLT, a fim de trazer, do direito espanhol, a construção jurídica a partir da qual emergiu a garantia de indenidade, compreendida como -a imunização que previne o trabalhador contra a represália empresarial a partir de quando ele ajuíza uma ação judicial em face do seu empregador-. O art. 7º, I, da Constituição Federal não pode ser interpretado como um direito absoluto do empregador de dispensar imotivadamente, em detrimento dos demais bens jurídicos preservados pela ordem constitucional. Nesse sentido, a interpretação do art. 1º da Lei nº 9.029/95, à luz dos fundamentos da dignidade da pessoa humana e do valor social do trabalho insculpidos no art. 1º, III e IV, da Constituição Federal, bem como à luz do princípio da não discriminação contido no art. 3º, IV, da Lei Maior e amparado internacionalmente pela Convenção nº 111 da OIT, conduz à conclusão de que o rol de discriminações ali contidas não é taxativo, devendo abranger também a decorrente do exercício do direito de ação, porque o objetivo da diretriz constitucional vedatória da discriminação, num Estado Democrático de Direito, é afastar dos cidadãos toda constrição de direitos pautada em critérios ilegítimos, independentemente de quais sejam esses critérios. Agravo de instrumento desprovido" (TST-AIRR - 77700-47.2009.5.04.0019, **4ª Turma**, Relator Ministro Luiz Philippe Vieira de Mello Filho, DEJT 28.9.2012).

"EMPREGADO DE SOCIEDADE DE ECONOMIA MISTA - DISPENSA

DISCRIMINATÓRIA - ABUSO DO DIREITO POTESTATIVO DE RESILIR O CONTRATO DE TRABALHO. Não consubstancia ofensa direta e literal ao disposto nos arts. 5º, II, 7º e 173, § 1º, da Constituição Federal a decisão que confirma a nulidade da dispensa imotivada de empregado de empresa pública, após dezoito anos de serviço, em circunstâncias das quais emerge que a iniciativa de extinguir o contrato de trabalho constituiu verdadeira retaliação ao exercício, pelo reclamante e por outros colegas, de seu direito constitucional de acionar judicialmente o empregador. Tampouco configuram divergência específica julgados que meramente afirmam a possibilidade de os empregados das empresas públicas serem dispensados sem justa causa. Recurso de revista não conhecido. (TST-RR - 592182/1999.7, Rel. Min. Luiz Philippe Vieira de Mello Filho, **1ª Turma** , DJ 04/05/2007).

Esse entendimento jurisprudencial foi consolidado com o advento da Lei nº 13.146/2015 (Estatuto da Pessoa Com Deficiência), publicada no Diário Oficial da União em 7/7/2015, que alterou o artigo 1º da Lei nº 9.029/95 para incluir a expressão "entre outros", após a enumeração de alguns tipos de práticas discriminatórias, nos seguintes termos:

"Art. 107. A , passa a vigorar com as seguintes alterações:

<u>É proibida a adoção de qualquer prática discriminatória e limitativa para efeito de acesso à relação de trabalho, ou de sua manutenção, por motivo de sexo, origem, raça, cor, estado civil, situação familiar, deficiência, reabilitação profissional,</u>

idade, **entre outros**, ressalvadas, nesse caso, as hipóteses de proteção à criança e ao adolescente previstas no (NR)

Sem prejuízo do prescrito no art. 2º desta Lei e nos dispositivos legais que tipificam os crimes resultantes de preconceito de etnia, raça, cor ou deficiência, as infrações ao disposto nesta Lei são passíveis das seguintes cominações:

....
...............' (NR)

'Art. 4º ....

a reintegração com ressarcimento integral de todo o período de afastamento, mediante pagamento das remunerações devidas, corrigidas monetariamente e acrescidas de juros legais'" (grifou-se).

Assim, não subsiste a tese de ausência de previsão legal para a nulidade da dispensa do empregado baseada em conduta retaliatória praticada pelo empregador, sendo exemplificativo o rol elencado no artigo 1º da Lei nº 9.029/95.

Corrobora essa tese, o seguinte julgado:

"RECURSO DE EMBARGOS INTERPOSTO NA VIGÊNCIA DA LEI 13.015/2014. INDENIZAÇÃO. DISPENSA DISCRIMINATÓRIA. PERÍODO DE AFASTAMENTO. LEI 9.029/1995. ROL EXEMPLIFICATIVO. O art. 1º da Lei 9.029/1995, com a redação vigente ao tempo do ajuizamento da reclamação trabalhista, dispunha ser 'proibida a adoção de qualquer prática discriminatória e limitativa para efeito de acesso a relação de emprego, ou sua manutenção, por motivo de sexo, origem, raça, cor, estado civil, situação familiar ou idade, ressalvadas, neste caso, as hipóteses de proteção ao menor previstas no inciso XXXIII do art. 7º da Constituição Federal'. Resta claro, pois, que o legislador quis coibir a adoção de qualquer prática discriminatória para acesso a emprego, trazendo, no corpo do dispositivo, mero rol exemplificativo. Essa intenção fica mais evidente quando se percebe que, após alguns questionamentos, a redação do art. 1º da Lei 9.029/1995 foi alterada pela Lei 12.146/2015, para explicitar o que já era evidente, acrescentando-se apenas o termo "entre outros" após os motivos que já citava na redação anterior. Constata-se, portanto, que o legislador, ao elencar alguns motivos, 'entre outros, não pretendeu restringir àqueles pelos quais poderia ser configurada prática discriminatória limitativa de acesso ou manutenção do emprego. Ao contrário, quis deixar evidente o que já tinha estabelecido na redação original do dispositivo, que havia prática discriminatória e limitativa para efeito de acesso ou manutenção da relação de trabalho por aqueles motivos citados (sexo, origem, raça, cor, estado civil, situação familiar, deficiência, reabilitação profissional, idade), sem prejuízo de outros mais que configurassem situação discriminatória. Dessa forma, tem-se, sem sombra de dúvida, que o art. 1º da Lei 9.029/1995 nunca trouxe rol restritivo, mas apenas exemplificativo, o que conduz à conclusão de que, sendo comprovada conduta discriminatória na dispensa do empregado, tem aplicação o diploma legal sob análise. Por outro lado, o art. 4º da referida Lei 9.029/1995 faculta ao empregado o direito de optar pela reintegração ou percepção em dobro da remuneração do período de afastamento. No caso, restou comprovado que a dispensa foi retaliatória, pelo fato de o reclamante ter ajuizado ação contra a empresa, e o reclamante insiste no Recurso de Embargos em sua reintegração aos quadros da reclamada, com o restabelecimento do pagamento de seus vencimentos mensais. Assim, havendo perfeita adequação aos ditames da Lei 9.029/1995, determina-se a reintegração do reclamante ao emprego, com o pagamento de todas as verbas devidas no período do afastamento, corrigidas monetariamente e acrescidas de juros. Recurso de Embargos de que se conhece e a que se dá provimento." (E-RR - 807-35.2013.5.09.0892, Relator Ministro: João Batista Brito Pereira, Subseção I Especializada em Dissídios Individuais, DEJT 16/3/2018).

Citam-se, ainda, demais julgados desta Corte acerca da matéria:

"RECURSO DE REVISTA INTERPOSTO PELA RECLAMANTE NA VIGÊNCIA DA LEI Nº 13.015/2014. PROCEDIMENTO SUMARÍSSIMO. REINTEGRAÇÃO. DISPENSA DISCRIMINATÓRIA. AJUIZAMENTO DE RECLAMAÇÃO TRABALHISTA. Na hipótese, o Tribunal Regional do Trabalho reformou a sentença em que se havia deferido a reintegração da reclamante ao emprego, consignando que, apesar de altamente reprovável a conduta do reclamado - que dispensou a reclamante em virtude do ajuizamento de reclamação trabalhista -, estava dentro do seu direito potestativo de rescindir o contrato de trabalho, uma vez que a empregada não possuía nenhuma estabilidade. A reclamante insurge-se contra essa decisão argumentando que a conduta do reclamado em dispensá-la apenas porque ajuizou reclamação trabalhista configura discriminação e ofende diversos princípios constitucionais. Este Tribunal Superior tem entendido que a dispensa de empregado como forma de retaliação ao exercício regular do direito de ação configura abuso do direito potestativo do empregador. Nesses termos, verifica-se que o abuso de direito se equipara à prática de ato ilícito previsto no artigo 187 do Código Civil, ensejando, portanto, a reparação por danos morais disposta no art. 927 do mesmo diploma. Nesse contexto, tendo o Regional registrado, expressamente, que a dispensa da autora decorreu de ato discriminatório, como retaliação ao ajuizamento de reclamação trabalhista, é cabível sua reintegração, conforme exegese extraída do inciso I do artigo 4º da Lei 9.029/95 (precedentes). Recurso de revista conhecido e provido." (ARR - 10335-96.2017.5.03.0059, Relator Ministro: José Roberto Freire Pimenta, **2ª Turma** , DEJT 7/12/2018).

"RECURSO DE REVISTA DO SENAI INTERPOSTO SOB A ÉGIDE DAS LEIS Nº 13.015/2014 E 13.105/2015. PROCESSO ANTERIOR À LEI Nº 13.467/2017. DISPENSA DISCRIMINATÓRIA. AJUIZAMENTO DE RECLAMAÇÃO TRABALHISTA NO CURSO DO CONTRATO DE TRABALHO. REINTEGRAÇÃO. 1. Discute-se, nos autos, se a dispensa decorrente da proposição de ação judicial contra o empregador configura ato discriminatório apto a ensejar o direito à reintegração da empregada. Nos termos do art. 4º da Lei nº 9.029/95, que trata das práticas discriminatórias nas relações de trabalho, o rompimento da relação de trabalho por ato discriminatório do empregador dá ensejo à reparação de ordem moral, conferindo ao empregado a opção entre a readmissão com ressarcimento integral de todo o período de afastamento ou indenização correspondente. 2. Conquanto a referida Lei nº 9.029/95 traga no seu art. 1º os fatores considerados discriminantes para a dispensa, como sexo, origem, raça, cor, estado civil, situação familiar, deficiência, reabilitação profissional, idade, ela não é taxativa, mas meramente exemplificativa, uma vez que, após a enumeração dos referidos fatores, ela acrescenta a expressão "entre outros". Dessa forma, a lei sinaliza a possibilidade de serem considerados outros fatores que impeçam o acesso ou a manutenção da relação de emprego, além daqueles nela descritos. 3. Atento ao fato de que, embora a dispensa imotivada seja um direito potestativo empresarial, situando-se na esfera do poder diretivo do empregador, identificada, porém, a dispensa amparada em ato discriminatório ou abuso de direito, é ela considerada ilícita nos termos do art. 187 do CCB. Nesse passo, esta Corte Superior consolidou o entendimento de que o empregador extrapola seu poder diretivo quando dispensa empregado por exercer seu legítimo direito de propor ação judicial (art. 5º, XXXV, da Constituição Federal). Há precedentes. 4. Para a hipótese dos autos, tendo o Tribunal Regional declarado expressamente que a dispensa da autora decorreu de ato discriminatório, como retaliação ao ajuizamento de reclamação trabalhista, é cabível sua reintegração, conforme exegese extraída do item I do artigo 4º da Lei nº 9.029/95. Estando a decisão regional posta nesse sentido, não merece reforma, ficando intactos os preceitos de lei e da Constituição Federal invocados e superadas as decisões transcritas (art. 896, § 7º, da CLT e Súmula 333 do TST). Recurso de revista não conhecido." (ARR - 1735-08.2015.5.17.0014, Relator Ministro: Alexandre de Souza Agra Belmonte, **3ª Turma,** DEJT 15/3/2019).

"RECURSO DE REVISTA DO RECLAMANTE INTERPOSTO SOB A ÉGIDE DA LEI Nº 13.015/2014 - DISPENSA DISCRIMINATÓRIA. RETALIAÇÃO PELO AJUIZAMENTO DE AÇÃO TRABALHISTA. REINTEGRAÇÃO. O Tribunal Regional deferiu ao reclamante indenização por dano moral em razão de dispensa arbitrária e discriminatória (mero ajuizamento de reclamação trabalhista contra a empresa). Em casos semelhantes ao dos autos, esta Corte tem entendido que a dispensa de empregado como forma de retaliação ao exercício regular de um direito configura abuso do direito potestativo do empregador. Na hipótese dos autos, demonstrada a ilicitude da conduta, é devida a reintegração do empregado, nos termos do art. 4º da Lei nº 9.029/1995. Julgados. Recurso de revista conhecido e provido. INDENIZAÇÃO POR DANO MORAL. VALOR ARBITRADO. A jurisprudência desta Corte pacificou-se no sentido de que a revisão do valor da indenização por danos morais só é possível, em face do disposto na Súmula 126 do TST, quando o arbitramento transpuser os limites do razoável, por ser extremamente irrisório ou exorbitante, o que não se verifica no caso concreto.

Recurso de revista não conhecido." (ARR - 11331-93.2014.5.03.0061, Relator Ministro: Márcio Eurico Vitral Amaro, **8ª Turma** , DEJT 29/6/2018).

"RECURSOS DE REVISTA DAS RECLAMADAS EM FACE DE DECISÃO PUBLICADA ANTES DA VIGÊNCIA DA LEI Nº 13.015/2014. IDENTIDADE DE MATÉRIAS. ANÁLISE CONJUNTA. (-) INDENIZAÇÃO POR DANOS MORAIS E REINTEGRAÇÃO. DISPENSA DISCRIMINATÓRIA. RETALIAÇÃO AO AJUIZAMENTO DE RECLAMAÇÃO TRABALHISTA. LIMITES DA CONDENAÇÃO. O exercício da atividade econômica, legitimado em um sistema capitalista de produção, está condicionado pelo art. 170 da Constituição Federal à observância dos princípios nele enumerados, entre os quais se incluem a valorização do trabalho humano, a existência digna, de acordo com a justiça social (caput) e a função social da propriedade (inciso III), este último perfeitamente lido como função social da empresa. Ademais, estabelece vínculo direto e indissociável com os princípios contidos no art. 1º da Constituição, que fundamentam o Estado Democrático de Direito, entre os quais se incluem os valores sociais do trabalho e da livre iniciativa (inciso IV), sem se falar na dignidade da pessoa humana (inciso III). Nesse contexto, informados por princípios basilares da atual ordem constitucional pátria, mormente na centralidade da pessoa humana, que decorre da dignidade que é ostentada por todos os indivíduos, forçoso concluir que o rol de condutas discriminatórias, a que se refere o artigo 1º da Lei nº 9.029/95, é meramente exemplificativo. No caso, o Tribunal

Regional considerou que o fato de o autor ter sido despedido em razão de ter ajuizado reclamação trabalhista contra a empresa, caracteriza dano moral passível de indenização, bem como o direito à reintegração. O direito potestativo do empregador, de rescindir o contrato de trabalho, não o legitima para, valendo-se do seu poder diretivo e de sua supremacia econômica, praticar ato destinado a punir o empregado que exerceu o direito constitucional de acesso ao Judiciário. Assim, a dispensa discriminatória do autor, por retaliação ao ajuizamento de reclamação trabalhista, enseja o pagamento de indenização por danos morais, bem como o direito à reintegração. Decisão regional que se mantém. Recursos de revista de que não se conhece." (TST-RR - 142100-57.2012.5.17.0131, Relator Ministro: Cláudio Mascarenhas Brandão, **7ª Turma,** DEJT 20/10/2017)

"II - AGRAVO DE INSTRUMENTO - RECURSO DE REVISTA INTERPOSTO SOB A ÉGIDE DA LEI Nº 13.015/2014 - (...) DANOS MORAIS - DISPENSA DISCRIMINATÓRIA O Eg. Tribunal Regional deferiu ao Reclamante indenização por dano moral em razão de dispensa arbitrária e discriminatória, decorrente do ajuizamento de Reclamação Trabalhista contra a empresa. Em casos semelhantes aos dos autos, este Tribunal Superior tem entendido que a dispensa de empregado como forma de retaliação ao exercício regular de um direito, configura abuso do direito potestativo do empregador. Precedentes. Nestes termos, verifica-se que o abuso de direito equipara-se à prática de ato ilícito, previsto no artigo 187 do Código Civil, ensejando, portanto, a reparação por danos morais disposta no art. 927 do mesmo Código. Agravo de Instrumento a que se nega provimento." (TST-ARR - 142100-87.2012.5.17.0121, Relatora Ministra: Maria Cristina Irigoyen Peduzzi, **8ª Turma,** DEJT 25/11/2016)

" RECURSO DE REVISTA INTERPOSTO NA VIGÊNCIA DA LEI Nº 13.015/2014. DISPENSA DISCRIMINATÓRIA. RETALIAÇÃO PELO AJUIZAMENTO DE AÇÃO TRABALHISTA. REINTEGRAÇÃO. A Lei nº. 9.029/95, em seu artigo 1º, proíbe a adoção de práticas discriminatórias quanto ao acesso ou manutenção da relação de emprego. Embora o dispositivo se refira a discriminação por "motivo de sexo, origem, raça, cor, estado civil, situação familiar ou idade", doutrina e jurisprudência têm entendido que se trata de menção unicamente exemplificativa, a autorizar a aplicação do art. 8º da CLT, para o efeito de reconhecer outras situações de discriminação. Isso se deve ao fato de que a própria Constituição Federal, em seus artigos 3º, IV, 5º, caput, I, VIII, XVII, XX e XLI, 7º, XXX, XXXI e XXXII, veda outras práticas de discriminação. A CLT, em seu art. 373-A, também repele formas de discriminação ao trabalho da mulher, devendo ser acrescentado que a Súmula nº 443 desta Corte é igualmente exemplo de interpretação ampliativa do art. 1º da Lei n º 9.029/95, ao consolidar o entendimento de ser presumível a dispensa discriminatória de empregado portador de HIV. No caso, ficou constatado o abuso do direito potestativo do empregador em dispensar empregados, como meio de punição/retaliação ao ajuizamento de ação trabalhista. Esta Corte, nessas circunstâncias, tem identificado a dispensa discriminatória, a ensejar o direito do empregado à reintegração, nos termos do art. 4°, I, da Lei n° 9.029/95. Recurso de revista conhecido e provido. INDENIZAÇÃO POR DANO MORAL. DISPENSA RETALIATIVA. O empregador extrapola seu poder diretivo e incorre em abuso de direito quando dispensa empregado em razão de ajuizamento de ação trabalhista. Trata-se de ato legítimo, assegurado constitucionalmente (art. 5°, XXXV, Constituição Federal), de forma a configurar a conduta ilícita do empregador, nos termos do art. 187 do CCB, e o dano causado à dignidade do empregado e ao seu direito de livre acesso à Justiça. Devida, assim, a reparação, nos termos do art. 5°, V e X, da Constituição Federal, 186 e 927 do CCB. Precedentes da Corte. Recurso de revista conhecido e provido." (RR - 10425-06.2014.5.03.0061, Relator Desembargador Convocado: Paulo Marcelo de Miranda Serrano, **6ª Turma,** DEJT 24//2016).

"II - RECURSO DE REVISTA DO RECLAMANTE INTERPOSTO SOB A ÉGIDE DA LEI N° 13.015/2014. 1. DISPENSA DISCRIMINATÓRIA. RETALIAÇÃO AO AJUIZAMENTO DE AÇÃO TRABALHISTA. DIREITO DE REINTEGRAÇÃO. O princípio da não discriminação nas relações de trabalho está positivado na Declaração da OIT sobre os Princípios e Direitos Fundamentais no Trabalho, nas Convenções 111 e 117, bem como na Lei nº 9.029/1995, cujo rol do art. 1º tem a hermenêutica ampliativa justificada pelo art. 8º da CLT. Na hipótese dos autos, demonstrada a ilicitude da conduta, é devida a reintegração do empregado, nos termos do art. 4º da Lei nº 9.029/1995. Recurso de revista conhecido e provido." (TST-ARR-11074-68.2014.5.03.0061, Relator Ministro: Alberto Luiz Bresciani de Fontan Pereira, **3ª Turma** , DEJT 13/5/2016)

Inquestionável, portanto, que a dispensa do reclamante, em razão do ajuizamento de ação trabalhista contra a reclamada, configura abuso do direito potestativo e constitui dispensa discriminatória, nos termos da lei.

Superada essa questão, cumpre analisar o pedido de reintegração do reclamante ao emprego.

O Tribunal Regional, ao reformar a sentença, entendeu que não havia lei garantidora da estabilidade no emprego e que a reintegração seria desaconselhada, do ponto de vista prático, por não ser "possível precisar o momento em que o empregador poderá rescindir, imotivadamente, o contrato de trabalho. Uma futura rescisão imotivada poderia ser interpretada como nova retaliação, ainda que não esteja fundada em motivos ilegítimos, o que em última análise cercearia o futuro direito potestativo do empregador" (pág. 546).

Contudo, a nova redação da Lei nº 9.029/95 estabelece que:

"Art. 4º O rompimento da relação de trabalho por ato discriminatório, nos moldes desta Lei, além do direito à reparação pelo dano moral, **faculta ao empregado optar** entre :

a reintegração com ressarcimento integral de todo o período de afastamento, mediante pagamento das remunerações devidas, corrigidas monetariamente e acrescidas de juros legais;

II - a percepção, em dobro, da remuneração do período de afastamento, corrigida monetariamente e acrescida dos juros legais" (grifou-se).

Logo, a reintegração do empregado está expressamente assegurada pela lei, devendo ser restabelecida a sentença no aspecto.

Com esses fundamentos, **dou provimento** aos embargos para restabelecer a sentença pela qual se determinaram a reintegração do reclamante ao emprego e o cancelamento da baixa na CTPS, com o pagamento dos salários e demais verbas contratuais devidas desde a dispensa até o efetivo retorno ao trabalho, nos termos em que proferida.

ISTO POSTO

ACORDAM os Ministros da Subseção I Especializada em Dissídios Individuais do Tribunal Superior do Trabalho, por unanimidade, conhecer dos embargos por divergência jurisprudencial e, no mérito, dar-lhes provimento para restabelecer a sentença pela qual se determinaram a reintegração do reclamante ao emprego e o cancelamento da baixa na CTPS, com o pagamento dos salários e demais verbas contratuais devidas desde a dispensa até o efetivo retorno ao trabalho, nos termos em que proferida .

Brasília, 7 de novembro de 2019.

Firmado por assinatura digital (MP 2.200-2/2001)

JOSÉ ROBERTO FREIRE PIMENTA

Ministro Relator

www.ingramcontent.com/pod-product-compliance
Lightning Source LLC
Chambersburg PA
CBHW020650220526
45464CB00001B/372